Georges MANGEOT

AUTOUR D'UN FOYER LORRAIN

—›»›»›‹‹‹‹—

La Famille

de

Saint-Lambert

1596-1795

1913

AUTOUR D'UN FOYER LORRAIN

La Famille de Saint-Lambert

1596-1795

EN VENTE

A PARIS. LIBRAIRIE CROVILLE MORANT. — **CROVILLE,** successeur, 20, rue de la Sorbonne (V^e).

A NANCY. LIBRAIRIE SIDOT FRÈRES. — **V. VAGNER & J. LAMBERT,** neveux et successeurs, 3, rue Raugraff.

PRIX : 5 FRANCS

Georges MANGEOT

AUTOUR D'UN FOYER LORRAIN

La Famille

de

Saint-Lambert

1596-1795

1913

LA MAISON D'AFFRACOURT

« Né... dans un château. »

(Villemain, *Cours de Littérature française*, t. II, p. 349).

Au cours de nos recherches, en vue d'une étude générale sur la vie et sur l'œuvre du poète-philosophe nancéien Jean-François de Saint-Lambert (1716-1803), nous avons senti la nécessité de jeter d'abord quelque lumière sur les origines de notre personnage, origines obscures au point de permettre, depuis un siècle, ou peu s'en faut, mainte fantaisie aux romanciers, aux érudits mainte hypothèse. Même avant le berceau, la légende s'empare du « Petit Saint », comme l'appelaient ses amis de Lunéville; elle s'attache encore à lui dans le tombeau. La légende, quand elle est de fiction littéraire, et non de populaire tradition, n'a ni la valeur, ni l'intérêt de ce que l'on désigne ici-bas sous le nom d'histoire. Donc, ayant rassemblé, en ces huit dernières années, quelques documents certains sur la famille, éteinte aujourd'hui, des Saint-Lambert, — notamment le dossier d'une affaire tragi-comique dont un oncle du poète fut le héros et la victime, — nous les présentons enfin, tâchant d'ennuyer le moins possible ceux qui nous feront l'honneur de nous lire : tel est notre principal objet. Et notre meilleur espoir est que nos imperfections, lacunes avouées, erreurs involontaires, seront, les unes comblées, les autres reprises, par ceux qui, comme nous, ont une affection de cœur et d'esprit pour les Lorrains d'autrefois (1).

Paris, le 10 octobre 1913.

_____

(1) Cet espoir a grand chance d'être réalisé tout à l'heure. Le *Bulletin de la Société d'Archéologie Lorraine* (août septembre 1913) annonce, à l'ordre du jour du 10 octobre, la lecture d'une étude sur « le poète Saint-Lambert et sa généalogie », par notre confrère, M. Louis Bossu, — lecture qui, indubitablement, sera suivie, sous peu, de publication.

AUTOUR D'UN FOYER LORRAIN

La Famille de Saint-Lambert

1596-1795

Lorsque, après plus de vingt ans de loyaux services, dans la guerre et dans la paix, Charles-Philippe de Saint-Lambert, écuyer, seigneur du Magny et d'Eteignières, lieutenant-commandant la Compagnie des Gardes de Mgr Henri de Lorraine, comte d'Harcourt, et l'un des écuyers de la Grande Ecurie de Sa Majesté Très Chrétienne, eut, le 25 juillet 1666, du fait de la mort de son protecteur, perdu l'espoir de poursuivre sa carrière en aussi joyeuse société qu'autrefois, il ne voulut prendre d'autre parti que celui de passer tranquillement, en ses terres de Bassigny, avec sa jeune femme, le reste d'un âge encore en sa pleine verdeur. Il comptait trente-sept ans, et Madeleine Habert de Montmort, dame d'Orgemont, alors en sa vingt-troisième année, l'avait, depuis quelque deux ans, rendu père d'une fillette baptisée sous le nom d'Anne. Sa sœur puînée, Anne-Marie, qui s'était unie, par contrat du 7 octobre 1659, à Christophe-Louis Xaubourel, seigneur de Domnon, Pouilly et autres lieux, n'avait pas quitté la Lorraine; sa mère, Jeanne de la Mothe, qui, veuve en 1659 déjà d'African-Charles de Saint-Lambert, avait, peu après, épousé René Habert, écuyer, seigneur d'Orgemont, domiciliée à Vic, s'en écartait rarement. Charles-Philippe se retrouvait donc en famille, lorsqu'il reprit définitivement possession du domaine paternel. Modeste était-il, dans ce pays de Bassigny, sans cesse ravagé trente années durant, ce domaine acquis, échangé, vendu pièce à pièce, selon les sourires ou les boutades de la fortune, au cours des allées et venues d'une famille instable sur un sol incertain.

Les propriétés que Nicolas, l'aïeul, avait possédées à Robécourt, sur le riche terroir fertilisé par le Mouzon, devaient avoir été aliénées : à peine une messe haute du Saint-Sacrement, fondée dans l'église paroissiale pour le mois de février (1), rappelait-elle le séjour en ce lieu du capitaine entretenu, à la fin du siècle précédent, par le cardinal Charles de Lorraine: African-Charles ne s'était pas établi à Fontenoy-en-Vosges, tenant pour demeure le château dont il avait la garde. Nulle trace des biens que Jeanne de la Mothe avait sans doute hérités à Nancy. Tout cela fondit dans le creuset des batailles, à moins que la dot d'Anne-Marie n'en eût été composée. Bref, Charles-Philippe, comme le héros d'un épisode des *Saisons*, pouvait dire :

> Jeune, et né d'un sang noble, à la guerre entraîné,
> Je n'y démentis pas le sang dont j'étais né :
> Mais mes fonds dissipés, mes fermes consumées,
> Par ce luxe sans frein qui corrompt nos armées,
> Quand la paix couronna le succès de mon roi,
> Je me vis sans fortune ainsi que sans emploi ..
> Je viens redemander au travail, à la terre,
> Mes biens qu'ont dissipés ma folie et la guerre (2).

Restait le lopin d'Esley (3), dans la prévôté de Darney, dont le territoire, à partir de 1632, avait été maltraité d'une telle sorte, que l'amodiateur des recettes put seulement en 1650 (on se battait encore, dans les environs, cette année-là, le 24 octobre), commencer à établir le bilan de toutes ces ruines (4). Certes le long du ruisseau de Monthureux, les

---

(1) Nous avons cru rendre plus aisée la lecture du texte en renvoyant, à la fin du volume, les notes et références numérotées, et les pièces justificatives avec les index des noms de personnes et de lieux.

cultures de la vallée étroite, des côtes mamelonnées, champs, vergers, vignobles, chénevières, avaient, depuis le traité du 28 février 1661, recouvré la fertilité prospère d'une terre vite obéissante aux bras opiniâtres des Lorrains. Les portes de la Commanderie s'ouvraient aux dons des fidèles, non plus aux exigences des envahisseurs. Le dimanche, les villageois allaient montrer à leurs enfants, dans les forêts de l'Oratoire ou de Landebois, les tanières et les fourrés où ils avaient, aux jours des atrocités suédoises, vécu la triste vie sauvage. Tout cela était lointain. Quelques ruines rappe-laient le passé sans dénoncer l'avenir. La saine existence du cultivateur, suspendue au train régulier des saisons, avait déjà fourni, atténuant jusqu'à l'amortir le ressentiment des langueurs de détresse, une assez longue série de récoltes, de vendanges, plus ou moins notables, pour que l'histoire datât, aux yeux des paysans, de la convalescence du pays.

C'est là que, comblant les désirs de Charles-Philippe, naquit, le 14 juin 1667, un fils, qui reçut de son oncle René Habert, et de sa tante Anne Berget, le prénom de René. Et comme pour entourer l'enfance de l'héritier des Saint-Lam-bert d'une couronne d'êtres aimables, attentifs, respectueux, la maison riante s'emplit, d'avril en avril, de fillettes rieuses. Le 10 avril 1672 vint au monde Jeanne, dite d'Eteignières; le 13 avril 1675, le petit René était, à Langres, parrain de sa sœur Marguerite, qui, vingt ans après, devait « décéder dans la communion des fidèles », à Esley; le 30 avril 1677, on baptisait, « sans les cérémonies », la frêle Marie, dite d'Orge-mont; en 1679 parut sur terre, pour y séjourner quatre-vingt-deux ans, Claire, dite du Magny; le 3 février 1682, ce fut le tour d'un fils, Charles, celui qui devait perpétuer le nom; enfin, le 25 janvier 1689, le curé, Messire Jean Pierrot, donnait « à la maison » le baptême au dernier né, Claude, « n'ayant assez de force ni de vie pour être porté à l'église », et, le surlendemain, enterrait l'enfançon, « n'ayant vécu qu'un jour entier », au grand désespoir de sa sœur et mar-raine la jeune Jeanneton.

A ce foyer populeux de gentilhomme campagnard, dont les entours étaient tous unis entre eux par les liens étroits et sacrés de la parenté naturelle ou spirituelle, l'esprit de famille régnait, avec le bonheur matériel et moral, que n'interrompit point, le 11 juillet 1670, la guerre renaissante entre France et Lorraine, peu sensible cette fois dans le Bassigny. Charles-Philippe, gérant ses propriétés, réalisait l'idéal que plus tard, en l'honneur d'anciens amis (5), devait célébrer son petit fils :

> Il ne s'égare point dans ces vastes projets
> Qui tourmentent le cœur incertain du succès ;
> Il ne peut être en butte à ces revers funestes
> Qui souvent de la vie empoisonnent les restes :
> Elever ses troupeaux, embellir son jardin,
> Plutôt que l'agrandir, féconder son terrain,
> Par sa seule industrie augmenter sa richesse,
> Voilà tous les projets que forme sa sagesse.,.
> Et quel plaisir encor pour ces époux heureux
> D'élever dans leur sein les gages de leurs feux,
> De voir à leur instinct succéder la pensée,
> De préserver d'erreur leur raison commencée,
> De guider leurs penchants, d'épurer, de former
> Ces cœurs, que la nature instruit à les aimer !
> Leur père est à la fois leur maître et leur modèle :
> Il leur peint des vieux temps la probité fidèle.
> Avant que l'art de plaire eût remplacé les mœurs,
> Et lorsque les vertus conduisaient aux honneurs,
> Vos aïeux, leur dit il, au prince, à la patrie,
> Immolaient leur repos, leur fortune et leur vie;
> Ils habitaient la Cour sans nuire et sans flatter ;
> Avant que d'obtenir, ils voulaient mériter,
> Et, sans descendre alors à de vils artifices,
> Ils nommaient des aïeux, et citaient des services (6).

Or Charles-Philippe ne manquait ni de services, ni d'aïeux. Que de fois, à l'heure du *couarail* (7) ou de la veillée, dut-il rappeler à sa progéniture la simple mais fière histoire de sa maison ! Il évoquait, dans le lointain des temps et des lieux, là-bas, au pays d'Attigny, où la tradition plaça le grand palais de Charlemagne, joyau secret de l'impénétrable forêt des Ardennes, des hommes tout semblables à lui-même, les deux frères Gille et Gillet de Saint-Lambert, qui connurent le comte-roi Thibaut le Chansonnier, ce poète et chevalier de la « Royne Blanche comme lys », et aussi Jehan, sire de Join-ville, le sage et fin confident d'un roi gentilhomme et saint.

Ceux-là, contents de leur maison forte de Saint-Lambert, près du Mont-de-Jeux, de leur moulin sur l'Aisne, de leurs prés et de leurs vignes d'Oiry, de leurs hommes « saintieux » d'Avize (8), avaient trouvé, dans leur féale aisance, de quoi soutenir, à deux reprises, de l'épée et de la bourse, leur suzerain Manassès VII, comte de Rethel. Puis c'était l'alliance avec la famille du Magny, dont le titre s'était transmis d'âge en âge; puis toute une suite d'aînés hommes d'armes, de cadets officiers de justice, et de filles nonnains, pendant cet orage séculaire où sombrèrent tant de fortunes dans le tourbillon de l'invasion anglaise. On arrivait enfin aux plus proches ancêtres, à ceux qui, tandis que le roi de France, fraîchement converti, guerroyait en Champagne, s'étaient établis comme bien d'autres, plus puissants et plus illustres, les Anglure, les Choiseul, dans le Langrois et dans le Bassigny, dernier asile des Ligueurs. Là, modérés mais constants dans leurs visées, désormais devenus Lorrains, ils avaient conservé la mémoire de leurs anciennes possessions, le Magny, Eteignières, Egremont, et soutenu la dignité de leur race vivace, suivant la fortune des princes, obtenant l'alliance des grands. Tel Nicolas, capitaine pour le second fils du duc Charles III, époux de Claudine d'Anglure, la descendante du preux Saladin, celui qui revint de la Croisade, avec, au harnais de son coursier, et dans ses armoiries, treize clochettes, autant qu'il avait exterminé de Sarrazins, et aussi du valeureux African, qui si longtemps avait tenu la campagne jusqu'aux derniers soubresauts de la Ligue (9). Voici, continuait Charles-Philippe, African-Charles, capitaine de Fontenoy, ferme gardien d'une place confiée par le roi d'Espagne et par le duc de Lorraine, à l'honneur des seigneurs de ces terres contestées (10). C'était, tout près d'Esley, à Arches, que sur mandement du duc Charles IV, grand meneur de batailles, African avait rassemblé, en un mois, la belle compagnie des chevau-légers du sieur de Belrupt, qui comprenait, lors de la *montre* passée le 22 octobre 1627, au bout du grand pont, outre le lieutenant, le cornette, le maréchal des logis de la compagnie, soixante cavaliers « montés, équipés, et armés de pistolets et épées », y compris les deux trompettes et le maréchal-ferrant, non compté, et sous-entendu, le chapelain et les huit ribaudes d'ordonnance (11). A peine hommes et chevaux installés à l'abri des portes et maisons fortifiées de la Ville, des tours altières de la Côte, African-Charles avait posé la casaque, quitté Fontenoy, galopé jusques en Nancy, où, le 22 février 1628, avaient lieu ses épousailles avec demoiselle Jeanne de la Mothe, qui l'alliait à la famille de feu noble Mathieu de la Mothe, premier valet de chambre de Mgr le Cardinal de Lorraine, dont l'épitaphe naïve se lisait déjà dans la vieille église nancéienne de Saint-Epvre :

> Je laissai tendrelet le haut mont Pirèné
> Pour voyager ailleurs, et le sort fortuné
> Me conduisit au sein de la belle Lorraine
> Où fortune me fut si doulcement humaine,
> Que ma façon accorte et louable candeur
> Me fist en peu de tems parvenir à l'honneur
> Du service agréé de Charle, qui, grand prince,
> D'un sceptre justicier régit ceste province (12).

Un fils était né de cette union, le 3 juin 1629; — c'était Charles-Philippe, qui parlait; — pour parrain, il avait eu Charles-Philippe-Alexandre de Croy, marquis de Renty, et pour marraine, la femme de celui-ci, Marie-Claire de Croy, marquise d'Havré, comtesse de Fontenoy, baronne de Fénétrange, dame de Bayon. Cependant, dès la fuite du volage duc d'Orléans, à la cour de Charles IV, le nuage de la guerre s'amassait à l'horizon lorrain. African-Charles délogeait de son poste, avec sa compagnie, il passait à Esley même vers le mois de mai 1630, puis, entraîné dans l'interminable chevauchée du duc vagabond, il n'avait plus guère revu Fontenoy qu'entre deux campagnes, une fois, notamment, le 22 novembre 1632, pour assister aux cérémonies du baptême d'Anne-Marie, ondoyée « privatim » l'année d'avant, le 15 avril. A la voix de leur père, fils et filles entrevoyaient, sur la tour ou sur l'esplanade du château de la Côte, avec ses deux enfantelets et sa belle-sœur Adrienne, leur grand-mère dévorant des yeux, tour à tour, les deux routes qui, par-delà le Côné luisant, de la porte du faubourg de la Chanale, ou de la porte de l'Ouest, fuyaient vers les sapins, les chênes et les trembles de la mystérieuse forêt vosgienne, — si jamais tout à coup reparaissait l'écharpe jaune de l'époux regretté; ou bien, la poterne franchie, au bas du chemin abrupt, venant s'agenouiller dans l'église jolie, dont la guerre allait bientôt mutiler les délicates sculptures; enfin s'en retournant songeuse, dans la grand salle du Château, où, sur le manteau armorié de la cheminée, se gravait la devise rassurante des Croy : « J'aime qui m'aime. » Sans cesse, des passages, des rassemblements, et les chevau-légers de Montbaillon, et les cavaliers de Lenoncourt; un jour de septembre, en 1633, la galopade de Charles IV expulsé de la Franche-Comté; en sens contraire, le 2 avril suivant, la fuite de Nicolas, duc subrogé, qui s'évadait de son duché, comme il avait fait de son palais. Brusquement, il faut fuir : l'impitoyable Turenne, dit-on, approche; avec lui, les soudards weimariens. Et tandis que Fontenoy, ville et château, doit le long de trois ans endurer toutes les horreurs que rêva Jacques Callot avant de les contempler, la femme et la postérité d'African s'en vont chercher asile dans les terres de la marquise d'Havré, au pays de Dieuze (13). Là, Charles-Philippe et Anne-Marie, avaient grandi, parmi les alarmes, jusqu'au moment où, grâce aux services paternels, l'adolescent, — il avait de douze à quatorze ans, — en 1642 ou 1643 (14), était entré dans le régiment d'infanterie d'Harcourt, récemment levé (2 novembre 1641); et il eut le bonheur d'y être remarqué par le colonel-propriétaire,

> Ce grand comte d'Harcourt,
> Si fameux dans l'histoire,
> Cet homme gros et court,
> Tout couronné de gloire,
> Qui secourut Casal et qui reprit Turin (15),

comme blasonna, plus tard, la Mazarinade.

Que de souvenirs de gloire française et de lorraine gauloiserie un tel nom rappelait-il à un homme qui avait suivi pas à pas, dans sa carrière aventureuse, ce rejeton d'une princière maison, génie conquérant sur terre et sur mer, compa-

gnon familier du soldat, dont il partageait le pain noir, et qui
le nommaient leur père, adversaire tantôt, tantôt second
d'un ministre politique, et qui traversa les intrigues· et les
mêlées comme un héros de Savinien Cyrano de Bergerac,
burlesque, fantasque, mais « brave et heureux », rêvant de
mener croisade, ou de se tailler principauté, et se faisant
« le recors de M. Mazarin », « prenant tout, rendant tout », se
trouvant à la fin maintenu Grand-Ecuyer de France, doté du
beau gouvernement de l'Anjou, honoré de l'estime du Roi
Très Chrétien, de la reconnaissance du duc de Lorraine; et
laissant à ses fils — qui, disait-il quand il était humble cadet,
auraient pour noms La Verdure et La Violette, — des titres,
des charges, des pensions, des bénéfices, à rendre jaloux
l'irascible duc de Saint Simon (16). Toutes les péripéties de
cet accroissement, Charles-Philippe les avaient observées de
ses yeux éveillés, et partagées de sa personne allègre. Il
avait pu voir encore et entendre les derniers éclats de la
confrérie des Goinfres : Cadet, dit le « Rond », avec, à
l'oreille, cette grosse perle, le seul patrimoine qu'il n'eût
jamais engagé, et sa face enluminée de buveur, comme le
peint Mignard, et son regard illuminé de chef; puis Nicolas
Faret, secrétaire de l'armée, dit le « Vieux », Faret, dont
sans trop de raison, sinon sans peu de rime, on déclarait
qu'à chaque arrêt il s'égarait au cabaret; et le « Gros »,
Antoine-Gérard, baron de Saint-Amant, qui menaçait de com-
bler le Tibre « avecque sa bedaine », qui, sans rêver encore
ambassade en la rébarbative Albion, ni émigration dans la
Pologne biberonne, mêlait le rire de Rabelais et la fantaisie
de Berni aux sons caressants de son luth, aux charmes
poétiques de sa rêverie. Avec la compagnie des Gardes du
comte d'Harcourt, le 3 août 1649, le jeune homme avait
chargé, « en les chemins creux, à la tête du faubourg de
Valenciennes », la droite de l'arrière-garde espagnole, au
risque, dans la poursuite des six cents chevau-légers lorrains,
de tailler la croupière, sinon à son père African, du moins
à quelque parent ou ami; car telle est l'aventure des batailles.
Flandre, Catalogne, Normandie, Guyenne, Alsace, défilaient
ainsi, dans une vision d'épopée héroï-comique. Enfin, c'était

une suite de fêtes, de ballets, dans le Louvre royal, et la solennelle soutenance, en Sorbonne, des thèses de philosophie, par l'abbé d'Harcourt, à l'admiration de tous les princes de sa maison ; c'était la vie de garnison dans la « douceur angevine » ou dans la splendeur parisienne, jusqu'au jour où subitement s'était éteint, glorieux, rassis et quelque peu dévot, Cadet-la-Perle, chez son fils Alphonse-Louis, abbé de Royaumont. Mais de tous les épisodes d'une jeunesse si riche de souvenirs, celui que Charles-Philippe devait conter le plus volontiers, en son foyer, c'était son avantageux mariage avec Madeleine Habert de Montmort, dame d'Orgemont, la fille de Pierre Habert Tinant, Docteur-Régent de la Faculté de Médecine de Paris, issue d'un illustre cadet d'une famille « féconde en personnes de mérite » (17), qui en ce siècle avait compté, comptait encore, avec tant de théologiens, de magistrats, de militaires, trois membres de l'Académie Française, deux épouses et une bru de maréchaux de France. Jour certes fortuné, où, à la croix fleuronnée de gueules, sur champ d'or, s'étaient brillamment accolées les armes d'azur au chevron d'or, accompagné de trois anilles de même (18).

En écoutant l'histoire de leurs ancêtres et de leurs parents, les enfants d'Esley voyaient sous une autre face la simplicité champêtre de leur existence. Plus d'une des cinq fillettes songeait en soi-même à la favorable destinée qu'avait eue au quatorzième siècle la fille de Gille ou de Gillet, Alix de Saint-Lambert, s'alliant à la prospère famille du Magny ; ou même au sort vénérable de Cécile de Saint-Lambert, morte abbesse de Saint-Pierre de Reims ; ou enfin à la désirable fortune de la tante Anne-Marie Xaubourel. Cependant, tandis que le le petit Charles ouvrait des yeux gros d'émerveillement aux récits belliqueux de son père, René, au seuil de l'adolescence, n'avait, de l'enseignement paternel, retenu qu'une leçon, celle du respect de la race ; en lui s'était développé, avec un vif penchant vers la bienfaisance, un goût profond pour la subtilité : l'esprit des Habert se perpétuait sensiblement en son être. En vain Charles-Philippe n'insistait-il point, dans ses récits, sur ces hommes d'autrefois, tels que ce Jean de Saint-Lambert, appariteur, noté parmi « les honorables hommes et sages maîtres » qui comparurent le 1ᵉʳ décembre 1411 par devant les échevins rémois « pour élire les impôts » (19). C'était fait de cadet : le titre de l'aîné était « miles », le soldat, celui qui avait honoré le nom des aïeux. Ce nom même, commun à plusieurs familles de France, n'était-il pas devenu, depuis deux cents ans bientôt, cher à une illustre maison, celle des Joyeuse, dont l'actuel rejeton, Messire Jules-Charles de Joyeuse, s'intitulait marquis seigneur de Saint-Lambert, Montgobert et autres lieux, et se plaisait à séjourner dans le château même au pied duquel florit jadis la demeure de Gille et de Gillet ? (20) Rien n'y fit. Quand le neveu de René écrivit plus tard :

> La raison des parents gêne le premier âge ;
> La tendresse et l'humeur nous prodiguent leurs soins...
> D'un joug utile on se dégage.
> J'entreprenais mille travaux ;
> Je me faisais aimer, j'étais utile au monde,
> Je suffisais à tout : obstacles et rivaux,
> Rien n'arrêtait une âme ardente et vagabonde (21)...

il semble avoir dévoilé, en même temps que ses rêves juvéniles, ceux de son oncle. Celui-ci pouvait s'inspirer aussi, à Martigny, où il était fort apprécié, des conseils de sa marraine, dame Anne Berget, née d'une lignée de magistrats du Bas signy, et mariée à un avocat au Parlement de Dijon, Maître Nicolas Guillemin. Toujours est-il qu'enfant il avait connu d'autres leçons que celles du curé Jean Pierrot : si son frère et ses sœurs demeurèrent à ravir illettrés, sachant très bien compter, très mal écrire, René, sans perdre la fierté de caste, acquit souplesse d'esprit, faculté d'expression, correction de style, à Paris, peut-être chez les Habert, car sa mère possédait, à deux pas de la Sorbonne, rue Saint-Jacques, la maison dite du Lion d'Argent (22); à Langres, sans aucun doute. C'est dans cette dernière ville que, le 9 octobre 1686, il épousa Jeanne-Thérèse Magnien, orpheline probablement, héritière d'une très ancienne et renommée famille d'officiers langrois, amis des Berget, parmi lesquels on citait Pierre Magnien, avocat du Roi au

Grenier à Sel, maire de la ville en 1680, et le chanoine Magnien, qui dut, comme il convenait, bénir le mariage (23).

Le jeune ménage s'établit à Martigny, paradis des plaideurs, qui, grâce aux limites incertaines des juridictions, déclaraient, selon l'occasion, relever du Barrois mouvant, ou de la Lorraine ducale, tour à tour, d'où leur surnom de « Tourneux ». René prit possession du bien qu'administrait, pendant sa minorité, son indulgente marraine (24). Il n'y avait pas longtemps (25) que les rares survivants du hameau de Dompierre, brûlé comme bien des villages lorrains, par les Bourguignons en 1476, puis par les Suédois, en 1645, s'étaient groupés, près du vieux Martigny, le long de la voie romaine, fondant une nouvelle paroisse, dont l'église fut par eux construite, détail touchant, avec les débris de leurs chaumières ruinées. Dans cette rue neuve de Dompierre, s'élevait la fraîche maison dite « la Saint-Lambert », avec sa toiture de tuiles plates, en pente raide, sa tourelle carrée, signe de noble manoir, adossée au corps principal, sa muraille défendue par une cuirasse écaillée de bois esselin (26), rempart des récoltes entassées dans les amples greniers. Des deux chambres donnant sur la rue, la vue s'étendait vers un plantureux jardin potager que prolongeait une chénevière odorante, dont la désignation cadastrale rappelle encore la mémoire des anciens propriétaires. Par derrière, la vaste cuisine avec le poêle, centre des réunions familiales; en dessous, la cave et la fruiterie; sur la cour, le fournil, le hallier, avec un petit pressoir; au bout, la grange et l'écurie. Au delà, le verger, alignant ses troncs robustes et noueux sur le fond paisible des champs qui portent toujours le nom de Champs-Lambert. Aux alentours, des parcelles de terrain, d'une contenance d'un demi-jour à trois jours; et puis des prés, et des vignes, et des chénevières encore, dont le morcellement et la dispersion témoignaient d'achats ou d'échanges successifs, fruits de l'économie (27).

En cette retraite aimable naquirent deux filles, Anne, le 3 novembre 1688, et Madeleine, le 17 janvier 1690, qui furent tenues sur les fonts par leur grand-père et par leur grand mère. Charles-Philippe eut pour commère une voisine

et cousine qui devait être pour le père de sa filleule la source
de fort cuisants soucis, Anne Guyolet, dame de Grammont;
et le mari d'icelle, Salomon le Jeune, écuyer, sieur de
Grammont, et seigneur de Lichecourt, fut le compère de
Madeleine Habert. L'obligeance officieuse de René apparaît,
ainsi que son industrieuse ardeur, en de nombreuses
occasions : mainte fois sa haute, fine, longue signature se
parafa, d'un trait sinueux et bouclé, sur le registre de la
paroisse, au bas d'actes de baptême ou de mariage; et
mainte fois il conclut des échanges de champs et de chénevières avec de complaisants, ou madrés, voisins; devoirs de
de société, affaires d'intérêts, insuffisants pour remplir entre
vingt et vingt-cinq ans, une vie digne d'être vécue. Aussi,
lorsque, dès 1690, le Roi Très-Chrétien eut décidé de nommer
aux offices de magistrature, dans ce duché sans duc qu'était
devenue la Lorraine, René, grâce à la part d'hoirie qui lui
fut alors délivrée, acheta-t-il la charge de lieutenant particulier au bailliage de Bassigny, charge qu'il exerça, selon les
obligations réglementaires de 1670, au siège du bailliage, à La
Mothe-Bourmont, tout en gardant son domicile familial à
Martigny, d'abord, puis à Langres. Endossant la robe rouge,
coiffant le bonnet carré, le jeune homme revêtait toute
l'importance de la seconde magistrature judiciaire du pays.
Quelques bénéfices matériels, la grosse part des épices
échéant, en temps normal, au lieutenant-général, M. d'Outrancourt. Mais qu'importe? Pendant ce séjour dans la capitale
civile du Bassigny, frappée de déchéance après la destruction
de la capitale militaire, La Mothe, le lieutenant-criminel
réalisa sa vocation, du 3 juillet 1692 au 6 juin 1698, donnant
audience sur audience, présidant les tribunaux, signant tous
les registres, assurant la police, l'ordre et la bonne vie dans
l'étendue de son ressort. Peu d'incidents, dans sa vie privée,
sinon la naissance de plusieurs filles, et la mort de sa mère.
En pieux enfant, René assista son père, le 28 octobre 1694, dans
les tristes cérémonies de l'inhumation, en l'église paroissiale
d'Esley, de Madeleine Habert, à peine âgée de cinquante ans.
Grand deuil pour Charles-Philippe, car il prit en dégoût la
maison du bonheur, et s'installa dès lors à Martigny dans la

demeure abandonnée par son fils aîné, demeure faite moins pour de nombreux hôtes que pour de copieuses ressources, mais où l'étroitesse même, — une des chambres devenant nécessairement le dortoir de cinq, puis de quatre jeunes filles, — resserrait encore, autour du foyer, l'intimité du souvenir et du regret. De la vie officielle du magistrat, archives ni chroniques ne disent rien que de louable, de régulier : ce fut le beau temps. Soudain, un coup inattendu, venant de haut, tomba, cruellement sensible, sur un fils de gentilshommes fidèles à des princes lorrains.

« Dès qu'il eut plu à Dieu de nous rétablir, par sa main toute puissante, en possession de nos États, nous n'eûmes rien plus à cœur, après avoir donné nos premiers soins aux devoirs de la Religion, que de satisfaire à ceux de la Justice. » Ainsi débute, en fort beaux termes, l'Ordonnance du duc Léopold pour l'administration de la dite justice (28). En effet, l'an de grâce 1698, à peine le comte de Carlingford eut-il pris possession de Nancy au nom du souverain légitime, le 4 février, qu'il promulgua une ordonnance, le 15 du même mois, bientôt développée par celle du 26, obligeant, dans un délai de quinze jours, « tous les officiers des Bailliages, Prévôtez, et autres établissemens faits ès dits États de Lorraine et Barrois, tant en vertu de leurs anciennes provisions que par celles qu'ils ont obtenues du Roy T. C., ou par les commissions qu'ils ont de Nous, de les produire, ou copies d'icelles düement collationnées, entre les mains du sieur Charles Simon, commis-greffier du Conseil d'État de Sa dite Altesse. » Conséquence pour les *Tourneux* de la magistrature, nommés par Louis XIV postérieurement à la déclaration des hostilités (26 août 1670) : il fallait céder la place aux officiers créés par le duc de Lorraine, désireux d'abolir, par dignité, tout reste d'administration française en ses États, obligé d'ailleurs de contenter les mille appétits lorrains, irlandais, italiens, autrichiens, d'une cour cosmopolite qu'il ramenait d'exil, ou tirait de misère.

L'avisé lieutenant-criminel avait, dès les préliminaires, pressenti le coup. Quant à le prévenir, nul moyen. Du moins le fallait il amortir, en recouvrant, du trésor de France, le prix d'une charge, ci quatre mille livres, achetée sur la garantie royale. Mais un gentilhomme ne saurait, en ces matières, réclamer pour lui seul. Quand il partit pour Paris, René avait en sa poche, outre son brevet, une procuration du 20 janvier 1698, à lui donnée pour obtenir le remboursement de la finance de leurs offices, par tous les officiers de la prévôté d'Arches, le prévôt royal, le lieutenant, le procureur du roi, le greffier, sans oublier les huissiers ; indéniable et piteux témoignage de l'exécution, en masse, du personnel de toute une juridiction. Le fondé de pouvoirs, et redresseur de torts, descendit à l'Hôtellerie du Lion d'Argent, dont il était le propriétaire, du chef de la défunte dame d'Orgemont. Le 8 avril, le sieur Harmand, de Nancy, ajoute au dossier des doléances la réclamation d'un autre magistrat. Les semaines passent, sans ennui, étant sans loisir : pour se faire la main, le patron du Bassigny soutenait un procès particulier, et, présage joyeux, le gagna. Toutefois, à la fin du mois de mai, il reçoit de source officieuse, l'assurance de sa destitution ; rien ne sera changé dans les offices du bailliage de Bourmont, excepté les officiers. Le commissaire Simon n'avait pas tardé, car l'édit radical « portant suppression des offices des bailliages, prévôtés, grueries, recettes, salines, etc., et création de nouveaux», fut daté du 31 août, publié le 1er septembre. Mais l'enquête « sur les établissemens faits pendant Notre absence et celle de nos prédécesseurs » avait d'abord examiné le cas des détenteurs de charges fraîchement achetées : au premier sassement avait passé un lieutenant-particulier de cinq ou six ans. C'était, pour celui-ci, le moment d'agir. Il rédige un placet, où, habilement, il intercale la requête collective d'Arches et la réclamation personnelle de Nancy, remet le tout, selon les formes à qui de droit. Attente, impatience, fièvre. Or, en l'hôtel du Lion d'Argent, logeait une demoiselle de la Fontaine, ancienne domestique d'une dame comtesse de Valory. La voyageuse reçut la confidence du propriétaire, à elle présenté par un vague homme d'affaires nommé Châtelain. Mlle de la Fontaine affirma que, par l'intermédiaire d'une certaine dame du Breuil, la requête commise à la bienveillance de la comtesse irait vite, et bien, et loin. Elle alla lent, et mal, on

ne sait où. Las d'espérer en une recommandation à quatre
degrés, fort de son droit, de celui de ses commettants, le
lieutenant-criminel s'abouche et se concerte avec le seul
Châtelain, dénoue les cordons de sa bourse, et reprend vive-
ment le chemin de Bourmont, où, pendant tout ce temps, les
audiences restaient suspendues. L'autre, ayant empoché les
écus, ne bougea. Atteint dans sa foi de magistrat et de gentilhomme, René rebondit à Paris, parle d'abus de confiance,
se répand en plaintes, s'épuise en démarches, harcèle les
commis des finances ; tant, que l'on s'enquête. Cette « dépu-
tation et association », surtout formée pour soutirer de l'argent
au trésor, a, dit-on, des airs de complot. Donc le dimanche,
sixième juillet 1698, en la Salle du For-l'Évêque (29), eut lieu
« l'interrogatoire d'ordre du Roi, fait par Marc René Paulmy
de Voyer, Conseiller du Roi en son Conseil, au sieur de Saint-
Lambert, prisonnier sur l'ordre de S. M. au dit For-l'Évêque ».
L'indélicat Châtelain, peu après, subissait le même sort. Sans
trouble, comme il sied au droit mis en épreuve, René cita ses
titres, justifia ses actes, rétablit les faits, dissipa les soupçons,
eut le dernier mot, à savoir « qu'il tenait au remboursement de
sa charge ». Congédié sans excuses, non sans avertissements
ni promesses, le juge jugé quitta volontiers le gîte plus
incommode qu'intimidant de la vieille geôle épiscopale, tout
en pestant d'avoir vu sa personne et sa cause logées dans le
séjour des comédiens rebelles, des médiocres filous, et des
jouvenceaux tapageurs. Et de l'antre de la rue Saint-Germain-
l'Auxerrois, il emporta, avec le regret d'avoir si mal soutenu
son généreux ministère, la pensée qu'il fallait parfois, à
Paris, suivre des procédures contraires à la coutume, et,
pour obtenir gain de cause, se faire mettre en prison.

Tout porte à croire que René de Saint-Lambert ne se vanta
pas de l'équipée, quand il retourna s'installer à Langres,
d'autant plus que les quatre mille livres revinrent bientôt
garnir son coffre, sans doute pour peu de temps ; car René
semble avoir aimé surtout à déplacer ses fonds. Désormais,
affligé de loisirs forcés, l'ex-lieutenant particulier « ne voulant pas, — selon ses propres termes, — demeurer inutile
dans la province, et désirant s'occuper, s'est appliqué à faire

la fonction d'avocat, seulement comme consultant, et gratuitement, sa plus grande occupation ayant été de s'adonner aux affaires des pauvres et des personnes qui n'étaient pas tout à fait en état de satisfaire aux frais que causent ordinairement les procès, ce qui lui attira quelques amis et quelque considération dans sa province ». En cet avatar, conforme à son caractère, l'avocat au présidial de Langres s'acquit ainsi parmi les petites gens une utile renommée. La maison de la rue des Ursules s'ouvrait à toute âme en quête ou en peine de querelle ; et maint parent ou ami, possesseur de carrés de terrain disséminés en France et en Lorraine, partant éternels objets de contestation, s'estimait fort aise de trouver en une personne de sa sorte, et aussi sans dépens, toutes les ressources de la chicane et de la société. Sans trêve on le voyait sur la route de Besançon, ou de Bourmont, ou de Lamarche, chevaucher à la conquête d'une belle affaire à traiter pour l'amour de l'art, au service de la veuve et de l'orphelin, au profit de la pauvre plaidaillante humanité, qu'elle fût noble ou roturière. C'est ainsi que, vers l'an 1703, l'avocat gentilhomme avait été consulté par sa cousine, la dame de Grammont, dans son château de Lichecourt, proche de Relanges, au sujet d'une action par elle entreprise contre la propriétaire du domaine de Serqueux, Mme de Pallières. Celle-ci, touchée de la courtoisie et du désintéressement de l'avocat de l'adverse partie, proposa spontanément à René de décider lui-même du débat, qui serait résolu, de cette élégante façon, à l'amiable. L'arbitre mit tant d'équité dans son jugement, que Mme de Pallières ne voulut plus d'autre conseil, et qu'elle s'attacha dès lors à cet agent bénévole, en tout bien tout honneur, avec la passion d'une fervente plaideuse encore assez jeune.

Jeanne de Bouvant, femme d'Armand-Antoine de Robec, comte de Pallières, demeurait ordinairement à Serqueux, près de Bourbonne-les-Bains, pays vignoble et forestier, ressortissant du bailliage de Langres, — propriétés ne vont pas sans procès, — et elle y demeurait seule, le comte, ainsi que ses deux fils, servant le roi, qui sur la flotte, qui dans l'armée, bien loin. Le comte allait même peu après, le 16 janvier 1705, être promu lieutenant de vaisseau, et, le 10 octobre, gratifié d'une pension de quinze cents livres sur la marine, grâce qu'il justifia la semaine suivante en contribuant, dit la *Gazette de France*, « à la prise de plusieurs ennemis ». Mais la personne illustre de la famille était Marie de Coty, baronne de Pallières, la belle-mère de la comtesse, qui avait eu l'honneur « d'élever trois princes à la France », parmi lesquels Philippe, ci-devant duc d'Anjou, alors roi d'Espagne, et ce « en qualité de sous-gouvernante, aux appointements de douze cents livres par an (31). » La maison de Pallières ne manquait donc, à la cour, d'accès ni de crédit, et Jeanne de Bouvant, femme au cœur fier, à l'esprit résolu, roulait de Serqueux à Paris, de Paris à Versailles, de Versailles à Langres, chérie des hôteliers, honnie des ministres, sans crainte en face des présidents fourrés, sans morgue envers les minables huissiers. Et si à sa qualité ne répondait pas exactement sa fortune, du moins la dame ne se plaignait guère la popularité. C'était un lien de sympathie de plus entre elle et le zélé René de Saint-Lambert : celui-ci devint son factotum bienveillant, bienvoulu, qui s'abandonna, grâce à son amie et cliente, à des jouissances avocassières sans fin renouvelées.

Au souci de ses affaires personnelles s'ajoutait, chez la comtesse, le soin des intérêts de son beau-frère, l'abbé de Pallières, « chargé d'âge et d'infirmités », qui plus est, préférant gouverner, de la ville, ou de la cour, son abbaye de Theuley, de l'ordre de Cîteaux, dans le diocèse de Langres, pourvu que les revenus lui en parvinssent régulièrement par le ministère de son procureur fiscal. Le malheur était que le prieur de l'abbaye, un certain dom Monchenaire, soutenu par plusieurs de ses moines, eût depuis plusieurs années, témoigné à l'égard du bénéficier, une impertinence en vérité diabolique. Tellement, que le vieil abbé s'était, l'an 1703, résigné à troquer le malfaisant bénéfice contre ceux de l'abbaye des Trois-Rois, dans le diocèse de Besançon et du prieuré de Saint-Pierre du Moutier. Le titulaire de ces deux derniers couvents, le sieur de l'Esné, abbé de Châtillon (32), avait sans chagrin consenti à laisser l'assurance d'un revenu de deux mille livres pour l'expectative de six mille livres de rentes.

Deux brevets du Roi avaient docilement confirmé l'échange. Or, en 1706, Mme de Pallières considéra que c'était là marché de dupe; que l'abbé s'était ainsi « mis à l'aumône, et à sa charge, à elle, depuis trois ans », et, comme les bulles tardaient à sanctionner les brevets, le 18 août, elle obtint du Roi un troisième parchemin annulant la permutation. Cependant l'abbé de l'Esné, qui se tenait, de sa personne, sur les lieux, s'était fort bien accommodé du farouche dom Monchenaire; tous deux, de connivence, s'étaient livrés dans l'abbaye, à diverses améliorations, tirant des plans, abattant des murailles, élucubrant des devis, négociant des marchés. Démolir une maison royale, — passe encore si c'eût été un foyer janséniste! — et cela, au moment où l'abbé de Pallières reprenait son bien, de façon qu'il payât les frais des réparations! L'audace de ces moines était insupportable. La comtesse résolut d'agir. Forte de l'appui qu'elle s'était ménagé en M. de Courtanvaux, elle adressa de Versailles, le 11 septembre 1706, à son bon agent René de Saint-Lambert, un pli qui contenait: 1° la copie de la lettre du dit M. de Courtanvaux, déclarant qu'on ferait raison à l'abbé des injustices par lui éprouvées; 2° le brevet du 18 août; 3° une lettre signée Louis, et, plus bas, Phelypeaux, avec le billet suivant (33) :

« Voilà, Monsieur, le brevet que nous sollicitions il y a longtemps, que je vous envoie. Je vous prie, sitôt que vous l'aurez reçu, de le faire signifier en toute diligence à M. l'abbé de Châtillon, au fermier général de l'abbaye de Theuley et aux religieux. Voilà aussi une lettre de cachet adressante à M. l'abbé de Morimond pour changer le prieur, dom Dubois et (dom) Ignace. Mais ne vous en servez pas en la faisant signifier, ni n'en donnez aucune copie : j'ai mes raisons pour cela. Contentez-vous de la montrer au curé d'Oyrières et aux officiers de mon frère l'abbé, afin qu'ils le puissent dire aux moines. Sitôt que vous l'aurez fait voir aux personnes (que) je vous marque, renvoyez-la moi. Quand je serai de retour, je m'en servirai si je le juge à propos, car, (s') ils ont fait tout ce que l'on me mande de ce pays-là, ils méritent une plus grande punition... Je vous prie de ne pas manquer de me renvoyer la lettre dès que vous l'aurez montrée.

Mandez-moi ce qu'aura dit l'abbé de Châtillon sur le brevet, et comme se seront comportés les moines sur cette lettre de cachet, en me la renvoyant... J'embrasse Mme de Saint-Lambert et toute votre famille, et je suis..., etc. La comtesse de Pallières. »

René détestait les méchants, qu'ils ourdissent leurs noirceurs sous le froc ou sous le manteau. Vers la saint Mathieu, le gentilhomme d'affaires arrivait à Oyrières, sautait de cheval, l'épée sonnant sur les éperons, le chapeau enfoncé sur la perruque, poussait chez le curé du lieu, y convoquait le procureur ès-terres abbatiales, le sieur Truchot, et les deux officiers de la dite abbaye, exhibait le brevet; et, avec toute l'altière gravité d'un homme qui détient un acte émanant de l'autorité souveraine, il remit à Truchot, pour la lire à haute et intelligible voix, une lettre, libellée « sur une feuille de grand papier double, avec une grande marge », portant « d'une grande écriture bâtarde » (en ce siècle, dit l'autre, tout tendait au grand), le texte qui suit :

« Mon intention est, Monsieur, que vous donniez à M. l'abbé de Pallières les religieux qu'il souhaitera que vous retiriez, dom Monchenaire, prieur de cette abbaye, dom Bernard (*sic*) et dom Dubois, que vous les envoyiez dans les maisons de votre ordre les plus éloignées de mon royaume.

« Louis.

« Phelypeaux.

« Pour M. l'abbé de Morimond. »

Un silence religieux suivit cette lecture, pendant lequel la lettre passa de mains en mains. « Qu'en dites-vous? » demanda l'émissaire. « Que les moines seront bien étonnés », dit le procureur fiscal, « et qu'ils n'auront que ce qu'ils méritent ». Là-dessus l'avocat partit gaillard, non sans avoir repris le précieux papier, dont les féaux sujets de Sa Majesté ne pouvaient rassasier leurs yeux. On épilogua sans doute, à la table du curé, sur cet acte de rigueur, témoignage de la puissance de la maison de Pallières; on se remémora la forme, la teneur de la lettre, dont le porteur n'avait pas voulu donner copie. Et, le 25 septembre, la pièce était retournée en les mains de la comtesse, qui en accusa réception à son ami dans des termes empreints de cette féroce joie que peut éprouver une femme, et qui plaide : « Les moines ne seront pas quittes pour être changés de maison. Il faut que ces... pourrissent dans des fonds de fosse. » Parmi son allégresse reconnaissante, elle ajoutait : « Allez! Monsieur, ne vous découragez pas contre tous nos ennemis. » Et, sa gratitude débordant sur la famille entière : « Ma nièce, terminait-elle, fait ses compliments à Madame et à Mesdemoiselles vos filles que j'embrasse aussi de tout mon cœur, et votre beau-fils, que j'embrasse de tout mon cœur (sic). »

L'étonnement de dom Monchenaire, de dom Dubois et de dom Bernard, alias Ignace, ne fut pas de longue durée. Que l'abbé perclus reprît possession, — si l'on peut dire, — de son abbaye, en vertu du brevet n° 3, tant pis pour lui; il solderait les mémoires des opérations faites ou décidées en son absence : voilà tout. Placets au roi se trouvèrent instantanément rédigés pour un achat de bois conclu par l'abbé de l'Esné, et pour les réparations à exécuter dans les bâtiments. Puis on attendit l'effet de la lettre de cachet. L'abbé de Morimond ne donnant signe de vie, l'avocat des moines fut requis. On para d'abord au plus pressé : les revendications du prieur furent portées au Parlement de Besançon; ensuite, on réfléchit à l'étrange démarche de la partie adverse. Le professionnel soupçonna-t-il l'amateur de quelque procédé trop cavalier? En tout cas, on s'informa auprès des gens qui, chez le curé d'Oyrières, avaient eu dans les mains, sous les yeux, la fameuse lettre du roi dont, par merveille de mémoire, le texte se trouva soudain reconstitué, dicté, transcrit. A première vue, il s'écartait sensiblement, ce texte, du protocole : *Monsieur..., je vous fais cette lettre pour vous dire que... Et la présente n'étant à autre fin, je prie Dieu qu'il vous ait, Monsieur, en sa sainte garde. Ecrit à..., le... jour de...* Où donc, la formule? où, la date? Et enfin, et surtout, non sans une douce hilarité des roués plaideurs et de leur conseil retors, la conviction se fit qu'à la lettre de cachet ne manquait qu'une chose, essentielle à la vérité, le cachet. Ni curé, ni procureur, ni officiers, n'avaient palpé ni vu la moindre empreinte des armes royales, « soit en cire rouge, soit en pain à chanter ». Or, nul suppôt ni grimaud de la basoche comtoise n'ignorait que, depuis l'ordonnance d'Orléans de janvier 1560, les lettres royaux étaient non seulement signées du roi, contresignées d'un secrétaire d'Etat, mais closes par le cachet royal apposé en cire rouge ou, plus souvent, sur un carré ou losange de papier recouvrant la cire. La fraude apparaissait, naïve à plaisir : possédant un brevet authentique, dépourvu de cachet, selon l'usage, les complices auraient fabriqué la lettre sur ce modèle incongru. Quoi qu'il en fût, on tenait le moyen de confondre et la terrible amazone, et l'arrogant, ou ignorant, écuyer.

L'affaire ne traîna point. Les Cisterciens étaient bien postés en cour, mieux peut-être que la bru de l'ancienne sous-gouvernante des enfants de France; car, dans le courant d'octobre, Messire Pinon de Villemain, pour lors intendant en Bourgogne, reçut de M. de la Vrillière, qui avait la signature des décrets du Conseil du Roi, l'invitation de s'enquérir, auprès de l'abbé de Morimond, s'il lui avait été remis une lettre de cachet touchant trois moines de Theuley. L'abbé laissa voir quelque surprise, et répondit, naturellement, qu'on lui en donnait la première nouvelle. Affaire transportée à M. de Bernage, intendant en Franche-Comté, dans la province de qui l'on avait fait montre de la lettre supposée. Sur l'ordre du ministre, en date du 14 novembre, le puissant fonctionnaire se transporta sur les lieux mêmes, recueillit plaintes et témoignages dûment signés, et, le surlendemain du jour où un premier arrêt du Parlement de Besançon condamnait l'abbé de Pallières à exécuter les engagements de son prédécesseur, il rendit compte, de son chef-lieu, le 12 décembre, d'un ton propre à faire supposer que la chose, au fond comique, fût prise au sérieux :

« Une pareille insolence ne doit pas demeurer impunie; mais si vous me permettez de vous dire mon sentiment, je crois qu'un procès criminel en forme ne laisserait pas de recevoir ses difficultés dans l'instruction et dans le jugement, soit parce qu'on n'aurait point la pièce fausse qui est le corps du délit, soit parce que le crime n'a pas été porté jusqu'à l'effet.

Il me paraît donc que le plus sûr et le plus court pour châtier Saint-Lambert serait de le faire mettre en prison ou dans quelque fort ou château de l'autorité du Roi, et de l'y faire demeurer aussi longtemps que Sa Majesté le jugera à propos, même pendant toute sa vie, si sa clémence ne lui faisait grâce. »

Voilà certes un frappant témoignage que

l'on vivait sous un prince ennemi de la fraude,

surtout de celle qui attentait à sa majesté. Et pour cause. Ces lettres de cachet, — pour ne parler que des ordres d'incarcération ou d'exil, dont le fils même de la Vrillière devait plus tard user avec une réelle intempérance, contre lesquels le vertueux Malesherbes devait s'élever avec tant de force et d'humanité, — étaient en somme l'unique manifestation de la souveraineté absolue du régime dit du bon plaisir. Que cette autorité fût paternelle et discrète, comme il eût convenu toujours à un roi très chrétien, ces lettres étaient un bienfait. Que de fils indignes, que d'épouses infidèles, que d'incorrigibles époux enlevés ainsi, pour la plus grande tranquillité des honnêtes gens! Par contre, que de maris clairvoyants, que de testateurs vivaces, que de filles embarrassantes, disparaissaient de même, pour le plus grand profit des natures perverses! Instrument de répression indulgente et sage, ou capricieuse et cruelle, selon les cas, la lettre de cachet, obtenue pour raison ou par faveur, qui eût été capable de sauver Rousseau poursuivi par le Parlement, comme elle avait opprimé Voltaire insulté par le chevalier de Rohan, faisait le bien parfois et souvent le mal, et, servant les intérêts des privilégiés plutôt que leurs droits, elle encourut les malédictions des philosophes, mérita les rigueurs des Constituants. Mais, du Louis XIV de juillet 1706 au Louis XVI du 16 mars 1790, que d'abus, et que de protestations contre une arme terrible dans les mains d'une créature dont l'omnipotence était consacrée sur tout en effet, excepté sur ses erreurs et sur ses passions. Donc jouer avec l'arc d'Héraklès, même en oubliant d'attacher le boyau aux deux cornes, c'était pour un mortel, fût-il de bonne race, crime de lèse-majesté.

« Mais, — ajoutait le redoutable champion de la grandeur royale, — on croit cet homme à présent avec Mme la comtesse de Pallières dans la terre de Cercueil (sic) proche Bourbonne, en Champagne. Ainsi, c'est à M. d'Harouys à qui il faudra, s'il vous plaît, envoyer vos ordres. » Ce qui fut fait le 17 décembre. Messire André de Harouys adressa à Langres l'ordre du roi, contenu sous le pli du ministre, pour faire arrêter le sieur Lambert (sic).

Ici intervient M. Barrois, prévôt de Langres, fin limier entre tous, habile à flairer le gibier de police, à prévoir ses détours et ses feintes, pour l'attraper au bon moment, — ou, peut-être, tout simplement, bon homme, accessible à la pitié ou au respect envers un ancien magistrat, ou à l'estime pour un gentilhomme obligeant. « Monsieur, écrit-il à l'intendant en trouvant, au retour d'une course, le pli désagréable, — je ne crois pas le sieur de Saint-Lambert en ville à présent. J'attendrai quelque temps pour voir s'il viendrait en cette ville, parce que, s'il partait à Serqueux chez Mme de Pallières, et que je le manquât (sic), il pourrait se douter que je le cherche. En ce cas il se retirerait à Bourmont, en Lorraine, dont il est natif, où il nous est défendu d'entrer sans un ordre précis; je donnerai tous mes soins pour le découvrir. »

A l'annonce du premier arrêt de Besançon, l'avocat déconfit avait volé à Serqueux, chez la cliente effarée. C'était donc là le fruit de l'imposante ambassade de septembre! A présent, l'ambassadeur n'était-il pas compromis? Quel mystère y avait-il là-dessous? Mme de Pallières avait déjà quelque motif d'appréhender la suite des événements : le dernier courrier contenait, à son adresse, ce billet de Monsieur de Pontchartrain, envoyé de Versailles le 15 décembre :

« Celui qui vous a conseillé l'expédient que vous avez pris dans l'affaire de M. de Pallières est un méchant et très malhabile homme. Le meilleur conseil que je vous puisse donner est d'accommoder cette affaire si vous pouvez, et d'empêcher qu'elle n'éclate. Je suis très fâché que vous

vous soyez mise dans cet embarras ; mais je ne puis y entrer ni vous donner le secours que je serais bien aise de vous procurer dans toute autre chose. »

Mais, — un clou chasse l'autre, — la dame avait, juste à point, d'autres affaires en tête, pour se distraire de ce présage menaçant : il lui fallait aller solliciter pour le jugement d'un procès qui divisait le maire de Serqueux et le procureur du roi au bailliage de Langres. Elle ramena dans cette ville René fort marri de l'aventure, et, tandis qu'elle méditait de nouveaux débats, dans l'auberge du sieur Boulanger, à l'enseigne du Petit Saint-Antoine, le ci-devant lieutenant-criminel rentrait, non sans méfiance, dans son logis, où, certes, il passa de sombres fêtes de Noël, au sein d'une famille anxieuse. Des rumeurs flottaient dans le quartier ; des voisins, des amis, des clients avertissaient leur patron que la vengeance des Cisterciens était suspendue sur sa tête ; des détails précis lui étaient fournis sur les enquêtes successives des deux intendants. Mais comment soupçonner une femme de condition, « qui lui avait toujours paru pleine d'honneur et de probité », de l'avoir amené dans un pas si critique ? Il n'y tint plus. Le 28 décembre, il eut « une grosse prise » avec la comtesse, exigea des éclaircissements catégoriques : « Si la lettre de cachet qu'elle lui avait envoyée était fausse, c'était, dit-il, une affaire pour les perdre l'un et l'autre. » Non sans embarras, la dame, réduite à l'aveu, confessa « qu'étant à Paris, et parlant de la manière dont les moines de Theuley traitaient son frère l'abbé, il se trouva un particulier, homme bien fait, qui lui dit qu'il n'y avait pas tant à finasser, qu'il était facile de se défaire de ces gens par le moyen d'une lettre de cachet qui les renverrait dans les autres maisons ; qu'elle avait répondu à cet homme qu'ayant besoin de son crédit pour son mari et pour ses enfants qui étaient dans le service, elle ne voulait pas l'employer pour si peu de chose auprès de Messieurs les Ministres ; sur quoi ce monsieur lui répondit qu'il connaissait M. le comte de Pallières, qu'il était son serviteur, et que, par considération pour lui, il trouverait moyen d'avoir une lettre qui reléguât les moines dont il s'agissait, (voulant) savoir seulement les noms, qu'elle lui donna, lui demandant son nom afin qu'elle pût savoir à qui elle avait cette obligation ; que cet homme lui avait dit qu'il ne voulait point lui déclarer son nom, qu'en temps et lieu il le ferait connaître, et, le lendemain, lui apporta cette lettre de cachet ».

« Lequel discours mit son interlocuteur dans une colère si grande contre la dame de Pallières, qu'il a fallu toute sa modération pour se contenir. » A coup sûr, la lettre était fausse. Pareille histoire en imposerait-elle à personne? Le plus triste était qu'elle ne fût pas un conte. L'imprudent éclate en reproches contre l'imprudente qui abusa de sa confiance, qui ne sait même pas, affirme-t-elle, le nom du trop officieux inconnu, qui s'est empressée de détruire le fatal papier, n'ayant pas voulu en faire usage! Les voilà désarmés tous deux, tous deux exposés, et leurs familles avec eux. Passe encore pour le marin, que la tempête n'ira peut-être pas frapper sur son lointain vaisseau; mais, pour l'épouse, les filles, le gendre de René, quel coup de foudre! Il crie, elle pleure; il accuse, elle proteste. Et, « en proie, dit-il, à une sorte de désespoir », le malheureux se réfugie en sa maison et s'y blottit, frémissant à tout heurt du marteau sur la porte. Parut, parmi les transes, l'aube ténébreuse de la nouvelle année.

De son côté, Mᵐᵉ de Pallières s'agitait, elle s'engageait à aller à la cour se justifier, au cas où les forcenés adversaires pousseraient jusqu'au bout leur revanche. Le 3 janvier 1707, le second procès est perdu : l'abbé fera effectuer les réparations de l'abbaye, sur les devis présentés par les religieux. Presque aussitôt, une indiscrétion échappe au prévôt Barrois; il a chez lui l'ordre d'arrêter l'avocat. La comtesse vole, vers Châlons, entreprendre l'intendant, et l'aubergiste du Petit-Saint-Antoine bondit rue des Ursules : il faut fuir sans perdre temps. Il y a des cas où contumace n'est que prudence. Parmi les pleurs et les embrassades, l'infortuné jurisconsulte saute sur son cheval. Le voilà parti, par les frimas, le long des âpres pentes et des chemins balayés de l'aquilon, dans les gorges pierreuses et les bois givrés; quittant la route de Montigny-le-Roi, où sont gens de justice, peut-être avertis de sa fuite, laissant à sa droite Serqueux, où l'on est bien capable de lui avoir tendu un piège, il s'engage en cette sauvage contrée, où les vallons se creusent en ravins, longe le fier éperon d'Aigremont et s'enfonce dans l'insondable forêt, jadis repaire des pauvres habitants traqués. On imagine aisément qu'il ne tenta nulle visite chez l'abbé de Morimond, dans les bâtiments tout frais relevés, au bord de l'étang glacé, des ruineux passages de Bernard de Saxe-Weimar, de Gallas et du duc Charles. A peine entrevit-il, parmi les chauves ramures, la flèche de l'abbaye, avec sa couronne fleurdelisée qui traduisait la devise, amère pour un fugitif : Vive le Roi, notre souverain ! (34) Et, sans descendre à l'auberge hospitalière aux bandits, déserteurs, contrebandiers de France, que les moines au cœur large ouvraient sur le territoire lorrain, il s'arrêta, après une traite de sept lieues, dans un carrefour bordé, sous les sapins toujours verdoyants, de fougères séchées et de grêles bruyères.

Là se dressaient, fantastiques ainsi que les monuments des druides, à quelque trois cents toises du chemin, les trois antiques bornes, frontières, dit-on, de la Lorraine, de la Champagne, de la Franche-Comté. Le voyageur les toucha, avec un soupir de soulagement, peut-être avec un sourire d'ironie, ces bornes symboliques. De la borne de l'intransigeant Bernage, il avait été, par le simple jeu de l'administration française, lancé vers la borne de l'expéditif Harouys, et la Providence divine, ou l'humaine pitié, ce qui revient au même, lui permettait, au bout de cette course périlleuse, d'éviter le second obstacle et de toucher à la borne libératrice, celle de Lorraine. Au bout de deux lieues, foulées librement, elles, sur la grand route bien connue de Lamarche et de Martigny, il atteignit le seuil paisible de la maison paternelle, de son ancienne maison.

Sans trop risquer l'erreur ni l'exagération, on peut se représenter le trouble où, en une telle saison, en un tel équipage, l'apparition soudaine de l'aîné de la famille jeta la maisonnée de la rue de Dompierre, et l'inquiétude de la grande sœur Anne, l'offarement des cadettes Jeanne d'Eteignières, Marie d'Orgemont, Claire du Magny, personnes d'âge raisonnable déjà, d'esprit rassis, de cœur pieux, mais toutes soumises au prestige de l'aînesse. Quant au vieux Charles-Philippe, dont la carrière n'avait manqué de renom ni de gloire, qui, dans sa retraite sans opulence, conservait pardessus tout, comme tant d'autres gentilshommes issus de Lorraine ou en Lorraine implantés, le culte de l'honneur de sa race, quelle tristesse et quelle honte pour lui, de voir son nom impliqué, même à tort, dans une affaire de faux! Quels reproches à ce fils qui avait follement déserté le métier héréditaire pour se livrer aux vilenies de la chicane! Qu'avaient risqué Gille et Gillet, pleiges, assistants et soldats de leur suzerain, ou Nicolas, capitaine d'un prince, African-Charles, châtelain d'un marquis? Qu'avait-il lui-même risqué, pour le service de Cadet-la-Perle? La petite fortune, qui bientôt se reconstitue avec l'économie agricole, et l'incertaine vie, si galamment offerte aux hasards de cent combats? René, fils imprudent jusqu'à l'indignité, encourait dès lors l'irréparable aventure, et, pour une plaideuse, attirait sur lui-même et sur les siens la ruine matérielle et morale. En vain pouvait-il prétendre que c'était « pour avoir soutenu contre des gens d'église une maison de qualité opprimée » : ce n'était pas fait de gentilhomme. Il y eut, dans le *poêle*, où lourdement pénétrait la chaleur de la taque armoriée, de déplorables entretiens, tandis que les arbres nus du verger craquaient sous la bise, que le cheval dépaysé s'ébrouait dans l'écurie, et que, dans leur chambre qui avait jour sur la rue, tremblantes aux éclats de la voix paternelle, les quatre demoiselles surveillaient le voisinage, si quelque indiscret avait eu vent de l'intempestive arrivée du fils de la maison. La publicité, pour l'honnêteté compromise, est le plus insupportable des maux. Il fallait que René quittât le village, où trop vite les propos se multiplient, s'accroissent, s'enveniment. On songea au dernier né de la famille, qui du moins en perpétuait la tradition militaire, à Charles, enseigne de la compagnie de M. de la Porte, au régiment des Gardes de Lorraine, tenant garnison à Lunéville depuis le 3 décembre 1702. On pourvoirait à tirer de peine et de gêne Jeanne-Thérèse et ses enfants. Pour le coupable, qu'il se tînt coi à la cour de Son Altesse Royale

Léopold, tant que menacerait l'orage. René alla partager le petit logis et le modeste train que permettaient à son cadet, outre la mince pension allouée par son père, ses quatre-vingt-deux livres d'appointements par quartier, non compris l'ustensile, ou *kostgeld*, et le bois (35).

Lorsque M. de Harouys, prévenu, un peu tard, par le bénévole prévôt, que le sieur de Saint-Lambert s'était « absenté », toucha Langres, il ne trouva au gîte qu'une femme aux prises avec bien des difficultés financières, au milieu d'une jeune famille éplorée. Il apprit du moins où le fuyard avait cherché un asile, et, de retour à Châlons, le 30 janvier, il écrivait à M. de la Vrillière : « J'ai su.... que le sieur de Saint-Lambert s'est retiré dans un village où demeure son père. Ainsi, si vous vouliez qu'il fût arrêté, il faudrait que vous prissiez sur cela des mesures avec M. l'Envoyé de Lorraine. » Y avait-il nécessité d'émouvoir M. d'Audiffret à Nancy, M. Barrois à Versailles? Le ministre ne le jugea point, et nota sur la lettre : « que tant que le sieur de Saint-Lambert sera en Lorraine, il n'y a qu'à l'y laisser ; mais que, s'il revient dans le pays, il faudra que M. l'intendant fasse exécuter l'ordre du roi. » Sur ce, il tourna ses batteries contre Mme de Pallières.

Celle-ci, de Langres, n'avait fait qu'un bond jusqu'à Châlons. Le 6 janvier, M. de Harouys ne fut pas peu surpris de voir la dame se présenter en son hôtel. « Elle me dit, — écrit-il quelques jours plus tard, — qu'elle était avertie par un ecclésiastique, qui lui écrivait de Versailles, que vous aviez donné des ordres contre elle et contre le sieur Lambert, qu'elle appelle le sieur de Saint-Lambert. Je ne crus point devoir m'expliquer avec elle sur cela; je l'assurai que j'exécuterais toujours vos ordres quand vous me feriez l'honneur de m'en donner, mais je ne lui dis point, ni que j'en eusse reçu, ni que je n'en eusse point reçu. » Sur cette réponse normande, la visiteuse déçue rentra en son hôtellerie, et composa, « seule avec la vérité », deux lettres qui ne manquent ni de finesse, ni de pathétique, dont l'une à l'intendant de Champagne, afin de lui déclarer sa façon de penser sur toute l'affaire : « Les moines qui voient que je leur tiens tête veulent dégoûter

M. de Saint-Lambert des intérêts de mon beau-frère, pour le tenir et en être les maîtres »; et afin de lui demander d'être son interprète, son avocat, auprès de M. de la Vrillière. A ce dernier, un mémoire était destiné.

Après un exorde assez ironique : « Je ne pouvais m'alarmer, Monsieur, d'avoir rendu sages trois moines pendant six semaines ou deux mois »; et sans déguiser ses alarmes, elle rappelait les services, « tant sur terre que sur mer », du comte et de ses enfants, et ceux de sa belle-mère à la cour. Suivait l'histoire du malencontreux inconnu et de son présent maudit. « Tout ce qui m'embarrasse, — déclare-t-elle en finissant, — c'est d'avoir attiré une affaire à un honnête homme, qui a cru la chose fort sérieuse et qui ne peut dire que ce que je lui ai mandé. » Parole donnée, parole tenue : âme généreuse, et par suite naïve, Mme de Pallières avait assumé d'ores et déjà l'entière responsabilité du méfait. Sa conscience apaisée, elle partit dès le lendemain pour Langres, vaquer à de nouveaux procès, et sans doute rendre un peu de calme, d'espoir, sinon d'aisance, à la famille de son gracieux complice, dont elle apprit avec plaisir l'heureuse évasion. Puis, vers la mi-février, elle revint à la cour, car il fallait rétablir à nouveau la situation de l'abbé.

M. de la Vrillière, animé d'un beau zèle pour la défense de la majesté royale, (les Cisterciens devaient entretenir son ardeur), ne savait rester sur un échec. A peine installée dans l'auberge tenue par le suisse de M. de Chamillart, où elle logeait lors de ses voyages en ce pays-là, Mme de Pallières obtint une audience, y fut traitée moins en solliciteuse qu'en accusée, recommença son histoire, ne fut pas crue d'un mot. L'entretien tourne à l'interrogatoire. Sur injonction de révéler le nom de l'officieux faussaire, la pauvrette s'épuise en protestations d'ignorance et de bonne foi, sort du cabinet fort mal en point. Compte est rendu à Sa Majesté, dès le Conseil suivant. Et, le 28 février, la comtesse recevait, malgré qu'elle en eût, l'hospitalité du roi, en son château de la Bastille.

On laissa quelque loisir à la prisonnière, selon l'usage, pour rassembler ses esprits entre ses quatre murs, et pour se livrer aux méditations que comportait l'aspect de sa condition, et de son logis. Avec l'impatience fiévreuse de l'innocence, elle réclama jugement, c'est-à-dire justice. Le Roi, pour lors, était à Marly. Ce fut le 18 mars seulement que M. de la Vrillière avertit le lieutenant de police, M. d'Argenson : « Sa Majesté désire que vous interrogiez la dame de Pallières, lorsque vous irez, pour tâcher de tirer d'elle la vérité sur cette fabrication, lui faisant entendre qu'elle n'a de moyen pour en sortir qu'en dénonçant celui qui lui a remis la dite fausse lettre. » Le lieutenant de police, avec une précision digne d'éloges, avait établi et résumé les faits, après l'interrogatoire préliminaire, auquel il avait procédé le 12 mars. Des diverses allégations de la comtesse, l'une au moins semblait indéniable : « Elle n'écrit pas assez bien, déclarait-elle, pour contrefaire des signatures. » Un autre point, surtout, était manifeste, la préoccupation constante « qu'il fût sursis à toute poursuite contre son agent ». Soupçonneux de profession, et curieux de nature, M. d'Argenson vit, en cette insistance, soit la crainte d'être confondue par les aveux d'un complice, s'il était pris, soit la peur d'être exposée à quelque vengeance de sa part, s'il se sentait poursuivi. Quant au système adopté par la « répondante », il « résistait évidemment à toute vraisemblance et à toute possibilité », observait le magistrat en marge de la lettre du ministre. En conséquence, il en venait à accuser formellement René de Saint-Lambert d'avoir perpétré le faux, « n'y ayant pas d'apparence qu'il eût abandonné sa famille et son pays pour le simple motif de cette fausse lettre, s'il n'y avait aucune part que celle d'en avoir menacé les religieux de l'abbaye de Theuley ». D'où enquête, si jamais, avant septembre 1706, était venu à Paris ou à Versailles « ce nommé Saint-Lambert qui, d'après la description que m'en a faite la dame de Pallières, dont l'attachement pour cet homme paraît sans bornes » (ici l'homme du monde se reprend, biffe, et corrige : « bien grand »), « est un de ces chicaneurs de province qui ne doutent de rien, et sont persuadés que tout est permis à l'industrie. » Le lieutenant de police parlait d'expérience : il se souvenait qu'un des premiers accusés de rébellion qu'il eut à interroger au For-l'Évêque, peu après son entrée en charge, était justement l'individu à présent mêlé dans une affaire qui frisait le crime de lèse majesté. Il ne pouvait d'autre part, supposer que la pièce eût été élaborée dans la capitale, « n'étant pas du style d'une personne qui sache ce que c'est qu'une lettre de cachet, ni pas même datée, ce qui peut faire juger que ç'a été Saint-Lambert qui l'a fabriquée. » De là, note de police, pour une des meilleures mouches, le sieur Loir : « Faire chercher dans tous les registres des Messageries et des autres voitures publiques qui sont venues de Bourgogne et de Franche-Comté, depuis six mois, pour voir s'il ne s'y trouverait pas quelque indication de l'arrivée d'un nommé Saint-Lambert. » En même temps, on demande le signalement du dit Saint-Lambert, afin de rechercher dans Paris, « où la plupart des accusés se cachent plus volontiers ». Ainsi s'accumulaient, en dépit de l'embastillée, les présomptions contre le reclus de Lunéville. L'information ne visait que sa seule personne : c'est par acquit de conscience que la note prescrit à l'inspecteur de s'enquérir « si on a remarqué un homme, âgé de trente ans, vêtu d'un habit de drap couleur de cannelle, portant épée, et ayant une perruque fort propre tirant sur le blond ». Tel était le portrait que Mme de Pallières avait fait de l'homme à la lettre. Aller, au bout de six mois, reconnaître un personnage de la bonne société à la couleur de son habit et à la qualité de sa perruque ! Le sieur Loir ne dut pas en prendre un grand souci. Mais de son furetage, un fait demeura certain : en aucun des gîtes parisiens ou versaillais de l'ambulante comtesse n'était venu d'autre visiteur que la cause initiale de toutes ces tribulations, le vieil abbé de Pallières. Cela ne diminuait rien des soupçons amassés contre le fugitif ; du moins le rôle de la prisonnière apparut-il désormais fait de noblesse et d'abnégation. On le lui fit bien voir.

Du coup, M. de la Vrillière autorise tous les allègements possibles au régime de Mme de Pallières. A la femme de chambre, dont les soins, selon l'usage, ont été permis à la pensionnaire, on ajoute la grâce du séjour d'une nièce, qui lui tienne compagnie. Aussi bien le roi eut égard au mari, « qui était un de ses meilleurs officiers ». Bref, écrit plus tard la dame, « j'ai été traitée et régalée on ne peut pas mieux, et ce ne m'a rien coûté du tout. Ne pouvant toucher d'argent, j'aurais été à plaindre à Paris ». En outre, les plaisirs de la société lui sont rendus. Sur demande de Mme de Caumartin, Mme de Chambériot et sa fille sont autorisées à des visites : un peu plus, la geôle prenait des airs de salon. Tous les respects dus à « une femme de sa qualité » sont prodigués à son endroit.

Mais vivre sans plaider, est-ce contentement?

Pour une fois, tel ne fut pas l'avis de la comtesse : ce qui dut la consoler tout à fait de loger en Bastille, et non dans la maison garnie de la rue des Mathurins, à l'enseigne de l'hôtel de Cahors, ce fut assurément la suprême attention dont elle fut l'objet de la part du ministre, lorsque, poussant à outrance une victoire trop facile, les moines entreprenaient d'achever à Besançon, une adversaire bien malgré soi défaillante. « Il n'y a rien de si juste, — écrit M. de la Vrillière au lieutenant de police, — que d'empêcher qu'on ne juge les procès qu'a Mme de Pallières pendant sa détention à la Bastille. S'il était même nécessaire, dans la suite, de quelques lettres de ma part au rapporteur pour en surseoir la décision, je lui écrirais volontiers... A l'égard des lettres qu'elle désire écrire aux gens qui se mêlent de ses affaires, cette liberté ne doit point lui être refusée, puisque vous voulez bien prendre la peine de les examiner. » Qu'ajouter à un pareil traitement, où l'utile se joignait à l'agréable? Quand le comble eut été mis aux douceurs de la captivité, on élargit la captive, le 31 mai, avec aussi peu de raison, en apparence, qu'on l'avait écrouée, et cela, sur l'avis de M. d'Argenson, qui avait au cœur un ferme propos, en tête un plan secret, pour la plus grande gloire de la police royale.

Prompte au triomphe et à la vengeance, moins par légèreté d'âme que par fierté de race, Mme de Pallières, le 6 juin, au moment de s'habiller pour partir faire ses remerciements à Versailles, sans avoir encore vu personne, profite du départ de la poste pour écrire allègrement à « son cher ami » le sieur Le Maure, procureur au présidial de Langres. « Je n'ai qu'un moment, Monsieur, pour vous dire que je suis pleinement justifiée de l'accusation fausse que mes ennemis avaient faite contre moi... Songez, je vous supplie, à mes affaires en ce pays-là; je vais voir en celui-ci ce que je pourrai faire. » Et, dans un post-scriptum plus long que la lettre, la plume trottinant au vif train de la pensée : « Je vous prie de dire à toute la famille de M. de Saint-Lambert que je sortis avec beaucoup d'honneur de mon affaire, et que j'ai eu de quoi faire voir à la cour que j'avais été trompée de la part de mes ennemis, que ce peuple est rusé et très habile à ces sortes de choses. Une de mes preuves est qu'ils ont envoyé copie de cette lettre à la cour; l'autre, du procès qu'ils ont fait rapporter avec tant d'empressement dès qu'ils m'ont fait mettre à couvert; et je crois que rira bien celui qui rira le dernier de cette affaire... M. de Saint-Lambert n'a pas besoin d'appréhender. Je suis au désespoir de lui avoir causé tant de trouble par ma crédulité. J'en demande pardon à toute sa famille. »

Tel était l'avis, tel le sentiment de l'excellente dame. Ainsi tout s'expliquait : l'homme à l'habit cannelle n'avait été qu'un émissaire des Cisterciens astucieux. On laisse à penser la joie, dans le logis de la rue des Ursulines, là-bas, à Langres, quand le procureur accourut lire la lettre libératrice. Le chef de la famille rendu à sa femme, à ses enfants, avec la satisfaction d'une innocence proclamée à la cour de France, c'était l'allégeance de la honte, de la gêne, qui, depuis six mois, pesaient sur la maison. Il avait bien fallu que, de loin, le 21 février, l'exilé recourût à l'entremise d'une amie, veuve d'un confrère, avocat au présidial langrois, pour signer un billet « confessant devoir à Marguerite Richard, fille majeure, demeurant à Langres, la somme de quatre cents livres, pour argent qu'elle *nous* a prêté aujourd'hui ». De loin aussi, les demoiselles de Saint-Lambert s'ingéniaient à des secours déguisés, utilisant le talent et le goût de leur nièce Anne à la confection de leurs simples atours de « grisette », et d'un habit pour la cousine Marie-Jeanne de Saint-Félix qui, avec sa mère, née Marie-Jeanne Xaubourel, la nièce du vieux Charles-Philippe, était alors à Martigny. L'humiliante pitié qu'on manifeste à la longue, surtout dans les petites villes, pour le malheur compliqué de dénûment, atteignait déjà cette famille infortunée. Il était temps que l'horizon s'éclaircît. René accola son cadet, enfourcha son cheval, toucha le foyer paternel sans même rendre visite à Mme de Pallières, qui se dégourdissait à Serqueux, franchit avec ivresse le seuil de sa maison, passa des embrassements de sa femme et des transports de ses enfants aux félicitations de ses voisins, aux assurances du procureur Le Maure et, de là, sans transition, aux condoléances de Barrois le prévôt qui, à ce coup, lui exhiba l'ordre du Roi, lui demanda son épée, et, pour éviter une nouvelle « absence », le tint sous bonne garde, en attendant que son transfert à la Bastille fût réglé.

« J'ai toujours pensé, — avait écrit M. de la Vrillière à M. d'Argenson (Versailles, le 20 mars 1707), — que ç'a été un ouvrage fabriqué par le nommé Saint-Lambert avec cette dame. » Cette dame avait, depuis, tiré son épingle d'un jeu plein de dangers; personnage de moindre importance, le nommé Saint-Lambert soutiendrait sans doute moins bien la partie. Ainsi pensait le lieutenant de police. « Vous avez justement pensé à votre ordinaire, — complimenta le ministre, le 6 août, — quand vous avez cru qu'après que la dame de Pallières serait mise en liberté, le sieur de Saint-Lambert se persuaderait pouvoir revenir chez lui, et qu'on ne penserait plus à le poursuivre au sujet de la fausse lettre de cachet qu'il a produite. Cela est arrivé. » Ainsi, dans cette histoire du chat et de la souris, M. d'Argenson venait de donner un exemple probant de cette sagacité, plus tard louée par Fontenelle : « Il eût rendu compte d'un individu qui se fût glissé à Paris dans les ténèbres; cet inconnu, quelque ingénieux qu'il fût à se cacher, était toujours sous ses yeux; et si, enfin, quelqu'un lui échappait, du moins, ce qui fait presque un effet égal, personne n'eût osé se croire bien caché (36). »

La détention de René, dans sa ville même, dura quelque temps, le temps, pour les uns et pour les autres, de reprendre quelque espérance. D'ailleurs, grâce à la sympathie et à l'indulgence des officiers du lieu, la condition du prisonnier obtint plus d'un adoucissement. Il recevait sa femme, ses enfants; il eût peut-être reçu Mme de Pallières, si celle-ci n'eût été occupée à Paris. Des lettres lamentables s'échangeaient entre Langres et Martigny; car c'est là surtout que le coup avait porté, d'autant plus brutalement qu'on l'avait cru paré. Tout l'émoi tendre à la fois et indigné de ces « filles dévotes », comme on disait, imbues du respect de leur père et de leur nom, se lit dans les lignes, entre les lignes, tracées d'un style campagnard, d'une écriture malhabile, d'une orthographe inimaginable, sur de menus carrés de papier, piteusement salis et froissés par un triste voyage, fanés et jaunis par deux siècles d'abandon au fond des archives, billets de Jeanneton d'Eteignières, noble et naïve personne, adressés à sa nièce Anne de Saint-Lambert.

« Il [y] a, ma chère nièce, trois lettres que je vous ai [écrites] sans en avoir eu aucune réponse. Je vous prie de me mander des nouvelles. Ici nous *sons* dans le dernier des chagrins d'entendre tout le monde parler. » On atténuait la vérité à Charles-Philippe : « Nous lui avons dit qu'il fallait encore un peu de patience, car c'est pour des lettres qu'il a écrites. Dans l'état que je suis, je ne vous en peux dire davantage, car il me faudrait un volume pour vous marquer tout ce qui s'est passé depuis le retour de mon père. J'embrasse la famille. » Selon le cours des détresses humaines, les embarras vont se multipliant : « Vous lui montrerez, à votre père, la lettre que je vous envoie pour son cheval; il est à Martigny. Nous avons tant de peines et de chagrins de toutes façons! Il a fallu que M. d'Orgemont, (il s'agit de Charles, l'officier, qui prit souvent ce nom), estropie (*sic*) le cheval de notre fermier pour augmenter nos maux... J'ai tant d'affaires à vous dire que je voudrais être un peu auprès de vous pour vous marquer *tous* les affaires qui se passent. Adieu, ma chère nièce, j'embrasse tous. Embrassez votre père pour moi, car il me fait bien des maux. S'il savait en l'état qu'il [a mis] la famille (*sic*)! Votre bonne tante Jeanne de Saint-Lambert. » Nouvelle complication : les dames de Saint-Félix s'inquiètent, songent à s'informer de cette affaire. « Si vous pouvez parler à votre père, — écrit la tante à la nièce, — je vous prie de lui montrer les lettres que je vous écris, car je lui fais connaître que Mme de Saint-Félix et sa fille *est* à Martigny, qui voulaient qu'on envoie (*sic*) à Langres, de peur que, comme elle y apporte les nouvelles... » (*Cetera desunt.*) Vrai est que le malheur n'empêche point la brave demoiselle de s'occuper des robes de la petite cousine. Mais sa correspondante, hélas! n'a plus le cœur, ni la tête à la couture. « Ma chère nièce, — écrit enfin Jeanne d'Eteignières, un des premiers jours de juillet, — j'ai reçu les lettres que vous m'avez envoyées. Je suis à Serqueux, à la place de ma sœur de Saint-Lambert, (Anne, la sœur aînée). Mon frère doit dormir en repos pour ce qu'il me marque touchant son innocence, car depuis que je suis ici, j'ai bien fermé la bouche à bien du monde. La lettre de mon frère me donne bien du chagrin, parce qu'il me marque le voyage... »

Le 11 juillet, en effet, sous la pluie battante, l'aîné des Saint-Lambert montait, en la fâcheuse compagnie d'un inspecteur de police, dans la chaise fatale. C'est alors que le scandale éclata. Plus longtemps suspendu, le malheur s'abat plus roidement : L'opprobre jusqu'alors évité accablait l'homme et ses proches : « J'en suis perdu, j'en suis perdu d'honneur », écrivait René, dès l'ingrate étape de Chaumont, le 12 juillet; et, l'avocat reprenant en lui le dessus, il raturait, sur son misérable papier, ce qui pouvait sembler un aveu, pour corriger : « Cependant, quoique je sois fort innocent, cette commission *me peut perdre d'honneur*, étant traité dans ma propre ville comme le plus vil de tous les hommes, avec une femme et six enfants, réduit au désespoir » (nouvelle rature de prudence, et correction nouvelle : à *l'aumône*), « mes créanciers s'étant jetés sur le peu de bien que j'avais. » Le lendemain, de Troyes, il essayait de tracer, pour son frère l'enseigne, un billet qu'il ne put faire parvenir à son adresse, car le papier resta morcelé, maculé, malmené, dans sa poche. Il y recommandait le « soin des petits », il « les embrassait tous », et donnait diverses indications sans doute relatives aux intérêts en détresse de l'abbé de Pallières. S'il partait enfin, la tristesse dans l'âme, il n'affrontait pas la justice sans avoir préparé sa défense, sans avoir ordonné ses affaires. Il avait sur lui, en arrivant à Paris, précieusement liées en un petit paquet, vingt-neuf pièces, les lettres de sa sœur à sa fille, le billet signé à Marguerite Richard, avec une lettre de réclamation de celle-ci, deux mémoires « pour servir à savoir où sont les papiers de M. l'abbé de Pallières », dont l'un note avec beaucoup de précision les originaux et les copies qui composaient ce dossier ; item, trois documents de sa véracité ; les lettres de la comtesse du 11 et du 25 septembre de l'antan, et ce brouillon de plaidoyer, dont le ton ne manque pas de noblesse : « J'ai l'honneur, dit-il, d'être né gentilhomme, incapable des faits et actions dont mes ennemis m'accusent. »

Le tout fut, par le sieur de la Grange, major de la Bastille, extrait de la poche de l'accusé, lorsque celui-ci franchit, le 17 juillet seulement, le formidable seuil qui le séquestrait, — pour combien de temps? — de sa famille et de la société. Comment M. de Saint-Mars traita son pensionnaire, dans quelle chambre il le logea, on ne le sait : le dossier ne contient absolument aucune de ces réclamations, de ces requêtes, de ces exigences, dont tant de prisonniers fatiguèrent, à tort ou à raison, le gouverneur. Peut-être René crut-il de son innocence et de sa dignité, lui qui allait déclarer que « sans la crainte de ses créanciers, il se serait de lui-même, dès les ordres du roi, rendu dans les prisons », de laisser venir M. d'Argenson, ou agir Mme de Pallières? Pourtant le grand, l'unique péril, pour un hôte de la Bastille, était qu'on l'y oubliât. Heureusement, le magistrat avait une bonne mémoire, et la comtesse la lui eût au besoin rafraîchie. Du 17 juillet au 8 août, elle assiège la porte du lieutenant de police, sans obtenir audience. Ainsi rebutée, elle écrivit, ou plutôt, en considération du destinataire, dicta une lettre assez bien tournée, qui témoignait et sa fidélité constante à l'ami douloureux et sa tenace énergie contre l'ennemi vainqueur :

« Monsieur,

« J'ai été à votre porte cinq fois depuis l'emprisonnement de M. de Saint-Lambert pour vous prier de lui faire prompte justice, sans pouvoir avoir l'honneur de vous parler. C'est ce qui me fait prendre la liberté de vous écrire. J'ai souffert tous mes maux en patience, mais la peine que j'ai de voir Madame son épouse, ses enfants et la famille affligée crier après moi, me voyant la cause innocente de leur affront et de la perte de leur bien me fend le cœur et passe infiniment tout ce que j'ai souffert.

« Que je vous aie encore, Monsieur, l'obligation de raccourcir ses peines et les miennes par un prompt interrogatoire par où vous connaîtrez son innocence J'espère la mettre au jour en suppliant très humblement Sa Majesté de me faire la justice de faire suivre la copie de la lettre de cachet que les moines ont *mis* entre les mains de M. de la Vrillière, par laquelle on découvrira pour sûr le faussaire qui m'a trompée, car elle ne peut venir que de lui ; M. de Saint-Lambert ni moi n'en ayant jamais délivré à personne, les témoins n'ont pas assez d'esprit pour avoir retenu le style pour l'avoir lue une fois à (*sic*) chacun. J'espère, Monsieur, que vous aurez la bonté de porter la cour à me rendre cette justice. J'ai l'honneur, etc. »

« Rien à répondre », marque M. d'Argenson, « mais joindre au dossier ». Il avait, en effet, dès l'avant-veille, reçu du ministre l'avertissement de voir le prisonnier : « Vous prendrez, s'il vous plaît, la peine de l'interroger pour tâcher de découvrir si c'est lui qui a fabriqué cette supposée lettre, ou bien qui en peut être l'auteur. » Lorsque, le samedi, vingtième jour d'août, de relevée, Marc-René de Voyer de Paulmy, chevalier, marquis d'Argenson, assisté de Nicolas-Guillaume de la Porte, un de ses secrétaires-greffiers, fit comparoir pardevant lui, dans la salle du château, le sieur de Saint-Lambert, l'attitude et le ton du répondant, — le procès-verbal en fait foi, — lui donna lieu de penser, certainement, qu'il avait affaire à un gentilhomme de cœur et de nom. Rien de plus franc, de mieux suivi, que les réponses du premier interrogatoire, sinon les questions. Sentant la valeur intellectuelle et morale du comparant, le lieutenant de police n'alla pas plus loin ce jour-là. « Il s'égayait à lui-même, dit Fontenelle (37), autant que la magistrature le permettait, des fonctions souverainement ennuyeuses et désagréables, et il leur prêtait de son propre fonds de quoi le soutenir dans un si rude travail. » Fort soigneusement, il élabora un questionnaire, où le jeu de deux demandes devait mettre les réelles actions de l'accusé

en contradiction avec ses facultés apparentes. « Question
troisième : En quelle forme était cette prétendue lettre de
cachet, et si l'empreinte des armes du Roi y paraissait soit en
cire rouge, soit en pain à chanter? » Et : « Quatrième question : Comment lui, répondant, a pu croire qu'une lettre sur
laquelle il n'y avait aucune empreinte des armes du Roi pût
être une lettre de cachet? » Toutefois, la première entrevue
avait produit un favorable effet. M. de la Vrillière n'avait-il
pas reçu Mme de Pallières, lui laissant entendre qu'à défaut de
l'introuvable document, le brevet de l'abbé était nécessaire
(la dame dit « suffisant », afin de marquer l'avantage), pour
finir l'affaire de M. de Saint-Lambert. « Je vous supplie »,
continuait-elle, dans sa lettre du 1er septembre, à M. d'Argenson, « je vous supplie, Monsieur, très humblement et pour
Dieu de dépêcher sa sortie. C'est la plus grande pitié du monde
que l'état de ses affaires et des miennes. » Et, touchant d'une
corde inaccoutumée : « Que je vous aie encore cette obligation, Monsieur, quoique je ne les *puis* reconnaître que par les
prières de ma famille et les miennes, et d'être toute ma vie, du
plus profond des respects, Monsieur, votre, etc. »

Le second interrogatoire ne pouvait donc manquer d'être
décisif. Il eut lieu le mardi, sixième jour de septembre, de
relevée. Les questions portèrent sur les raisons et sur les
circonstances de la fuite en Lorraine, sur la présentation du
brevet et de la lettre, sur les explications entre la plaideuse
et son avocat, au mois de décembre précédent, et, de nouveau,
sur le voyage de Theuley, — l'ordre chronologique parfois
rompu, afin de dérouter le répondant ramené, à plusieurs
reprises, brusquement, à l'essentiel. Ledit répondant se gardait à droite, se gardait à gauche, excipant de sa bonne foi,
cause de sa malheureuse imprudence. A la demande quatrième
du questionnaire, portant sur la lettre de cachet sans cachet :
« A dit que c'est parce qu'il n'en avait jamais vu, et que d'ailleurs, connaissant la dame de Pallières pour une femme de
qualité et d'honneur, il n'a pas cru qu'elle pût lui envoyer une
pièce fausse. » A l'appui de son dire, il apportait les ressources d'une mémoire imperturbable comme la vérité, et les
trois ou quatre lettres du dossier, interprétées par l'accusé,

ne pouvaient laisser au juge que l'une ou l'autre de ces impressions, celle d'une astuce invincible, ou celle d'une incontestable sincérité. De quel côté inclinait M. d'Argenson? En tout cas il reçut, peu après l'envoi des deux procès-verbaux, la lettre suivante du ministre, datée de Fontainebleau, le 26 septembre :

« Monsieur,

« J'ai rendu compte au Roi des interrogatoires que vous avez fait prêter au sieur de Saint-Lambert, et de ce que vous m'avez écrit sur ce qu'ils contiennent. Comme il a paru que c'est la dame de Pallières qui est la plus coupable, Sa Majesté n'a pas estimé convenable, après l'avoir fait mettre en liberté de la Bastille, que ledit sieur de Saint-Lambert y reste plus longtemps, ni de l'exiler, et m'a commandé d'expédier l'ordre nécessaire pour l'en faire sortir, qu'il recevra incessamment; de quoi j'ai estimé à propos de vous donner avis, pour que vous soyez informé. Je suis toujours véritablement, Monsieur, etc. »

« Rien à répondre », renote philosophiquement M. d'Argenson; « il est sorti le 30 septembre 1707 ».

Tout est bien, qui ne finit pas trop mal. Trois mois d'anxiété, presque six mois d'exil, plus de douze semaines de prison, renom entaché, fortune périclitante, famille bouleversée, un ministre, le lieutenant de police, trois intendants, — et, il s'en fallut de peu, deux ambassadeurs, — combien, enfin, de subalternes et de suppôts mis en mouvement! et des frais, des paperasses, des pleurs, des courroux, des angoisses, des démarches sans fin, des calculs sans résultat, tel était le bilan de cette affaire bien française, où du moins chacun pour sa part avait fait dignement son devoir, tout en suivant normalement son intérêt.

Nul doute, après une épreuve pareille, que l'amitié ne fût resserrée désormais entre Jeanne de Bouvant et René de Saint-Lambert. Quant à la suite de leurs relations tragicomiques, elle se perd en oubli. La dame était encore engagiste des domaines de Serqueux, le 30 juin 1744, date à laquelle le duc d'Orléans lui fit rembourser le prix de la liquidation (38). Dans les combats du 29 avril et du 3 août 1759, en vue de Pondichéry, le sieur de Pallières commanda le vaisseau *le Vengeur*, de l'escadre du comte d'Aché : c'est ce qu'on lit dans la *Gazette de France*. Quant à l'abbé, aussi décrépit que son abbaye, en 1706, parvint-il, avec l'aide virile de sa belle-sœur, à dompter l'irréductible Monchenaire? C'est peu probable (39). Mais René de Saint-Lambert, rentré dans Langres, et chantant bien haut son innocence, ne semble point, « par l'affliction plus sage devenu », avoir renoncé aux affaires où l'appelait plus de goût que de compétence. Il changea seulement le théâtre de ses exploits : le 6 avril 1713, son nom figure, avec le titre d'avocat au Parlement, demeurant à Paris, place de la Sorbonne, paroisse de Sainte-Geneviève, sur une quittance par lui donnée au trésorier du bureau général des finances de la Guerre, à Paris, en vertu d'une procuration de Mme la maréchale de l'Hôpital (40). Il revint, quoi qu'il en soit, dans son pays, où il paraît qu'il ne fit plus parler de lui. On le vit à Martigny, témoin de mariages, en 1730 et en 1734, et à Langres même, le 18 juillet 1735, assistant, avec le chanoine Magnien, son beau-frère, aux obsèques de sa fille Anne, décédée la veille, à l'âge de quarante-six ans. Mais il s'était vraisemblablement retiré des affaires de ce monde, lorsque mourut sa seconde fille Madeleine, veuve du sieur Demay, le 6 novembre 1752, dans sa soixante-troisième année. La maison familiale appartenait encore, dix ans plus tard, à deux héritières, une demoiselle Marguerite de Saint-Lambert d'Orgemont, et une sœur de celle-ci, prénommée, dans une pièce unique, Madeleine (41), et mariée à « Messire Joseph-Louis-Marie du Bourg, seigneur de Césarge, Ternay, Chaleyssin, la Buissière, et autres places (42) ».

Depuis longtemps déjà Charles-Philippe avait rejoint dans la tombe sa compagne « en premières et dernières noces », et, en attendant le transfert dans la neuve église, en 1732, son corps avait été déposé dans la chapelle servant de sacristie à l'église de Martigny, le 5 juillet 1711, sous les yeux d'Anne et de Marie, et de Charles de Saint-Lambert, devenu lieutenant dans le régiment des Gardes. L'héritier du nom parcourait, comme il arrive en temps de paix, lentement, faute d'occasion, peut-être d'argent, une obscure carrière, sous les ordres du comte de Custine, son colonel, de M. de la Porte, son capitaine, qui ne semblent pas avoir méconnu ses services. Sa fierté native satisfaite, faute de mieux, par l'honneur de faire partie du premier régiment de Lorraine, spécialement attaché à la personne de Son Altesse Royale, d'avoir en conséquence, le pas sur les officiers des autres corps, il montait la garde à Lunéville, jusqu'au jour, jour de liesse pour le populaire nancéien, du 12 novembre 1714, où, en exécution des traités, le comte de Custine ayant la veille repris les clefs de la capitale, après l'évacuation des troupes françaises, les régiments lorrains rentrèrent en leurs casernements. Dès lors, poste fixe, les Gardes ne détachant que trois compagnies à Lunéville et deux à Bar, tous les six mois, tant que le duc n'abandonna pas la ville ducale, ce qu'il fit définitivement l'an 1723, à la fin d'avril. Le lieutenant de Saint-Lambert, régulier, cérémonieux, illettré, ne paraît pas avoir contracté les vices de garnison, ni s'être livré à la fièvre de plaisirs qui saisit les Lorrains de Nancy, petits et grands, à partir du « carnaval magnifique » de 1715, ni même s'être d'abord grandement soucié de ses intérêts matériels. Il préférait à tout la solide société d'honnêtes amis, pour la plupart ses compagnons d'armes, qui, à l'occasion du service, ou par le fait des alliances, avaient à échanger avec lui des souvenirs et des opinions, et qui respectaient en sa personne le fils d'une antique famille. C'étaient Nicolas Devaux, chirurgien-major de la Garde Suisse, que, le 18 juin 1736, trente années révolues de service devaient tirer d'une honorable roture, et sa femme Claudinette, fille du sieur Jean Joly, receveur de Rambervillers, ménage établi à Lunéville dès le 3 février 1704; Dominique-François du Cerf, capitaine-major du régiment des Gardes et major de la ville de Nancy en 1708, dont les grands-oncles et le père s'étaient distingués dans la magistrature et dans la milice de Langres, allié, par son union avec dame Anne Marchis, à une famille de bonne bourgeoisie nancéienne; et Louis Barbarat, seigneur de Mazirot et de Brabois, fermier général des duchós de Lorraine et de Bar, à qui, pour récompenser un désin-

téressement rare chez un financier, le duc avait donné la
noblesse le 17 septembre 1704, en façon de cadeau de noces,
le surlendemain de son mariage avec demoiselle Anne-
Catherine Protin, fille de Paul Protin, conseiller-secrétaire
du cabinet de S. A. R., et son commissaire-ordonnateur en
Lorraine et Barrois; Maitre Adam Becel, enfin, procureur et
cellerier du domaine, impôt, cellerie de Nancy, et commissaire des vivres de S. M. T. C., — dont l'épouse, dame
Christine-Ignace Huin, était issue d'une de ces familles
lorraines illustres par l'œuvre constante et salutaire de tous
leurs membres, dans les emplois militaires ou civils, et par
l'accroissement irréprochable d'une fortune acquise avec une
inflexible probité.

Tels étaient aussi, avec les Parisot et les Millet, les Alba,
les Malcuit, les Chevalier, troncs dont les branches puissantes
et fructueuses rayonnaient sur toute la Lorraine, s'entre-
laçant de féconds et solides liens, pour le plus grand respect
de la religion et de l'Etat. Peu avant l'époque où African-
Charles de Saint-Lambert allait commander en Fontenoy,
son prédécesseur y publiait, assisté de treize notables, par
ministère de tabellion, un acte reconnaissant que, de mémoire
d'homme, la qualité de noblesse appartenait à Dominique
Chevalier, originaire de Fontenoy, qualité restituée par acte
de réhabilitation du 5 août 1574. Et il ajoutait : « Certiffions
aussy la plupart de nous avoir veu faire résidence au dict
Fontenoy feu Noble Estienne Chevallier, frère du dict
Dominique, qui a délaissé plusieurs enfants, partie des quels
se sont retirez à Nancy, Mirecourt et ailleurs, qui de présent
vivent aussy noblement, les quels et tous aultres des dicts
sieurs Chevallier ont toujours esté réputez, au dict Fontenoy
et aultre part, nobles, gens de bien, d'honneur et issus de
bons primogéniteurs, comme ainsy les tenons et déclarons.
En foy de quoy avons signé les présentes..., au dict Fontenoy,
le dixiesme jour du mois de septembre, l'an de grâce Nostre-
Seigneur mil six cent et huit. » (43). Les rejetons de la branche de Mirecourt étaient, vers 1716, les quatre enfants
d'Antoine Chevalier, écuyer, prévôt, juge civil et criminel du
marquisat d'Haroué, dès 1670, époux de Marie-Jeanne Alba,

lequel était mort au chef-lieu, le 18 octobre 1682. La fille aînée, Françoise, baptisée en cet endroit le 16 septembre 1672, était devenue, vers 1695, la femme de Claude-Dagobert Millet, écuyer, seigneur d'Igney, Maidières et Montauville, successeur d'Antoine Chevalier, et qui, conseiller à la Chambre des Comptes en 1708, devait mourir en 1729 conseiller d'Etat du duc Léopold. De nombreux enfants florissaient en sa maison, plus tard alliés aux Protin de Vulmont, Lefebvre de Saint-Germain, de Lalande de Vernon. La cadette de Françoise, Marie-Charlotte, née vers 1675, mariée le 10 décembre 1697, venait de perdre son époux, François de l'Epée, écuyer, seigneur de Germiny et de Viterne, prévôt de Charmes (10 octobre 1715), et demeurait au monde avec un fils, François, né le 5 mai 1699, et une fille posthume, née le 29 décembre 1715, Marie-Colette; cette veuve s'unit, dans la suite, en secondes noces, le 9 avril 1717, à Nicolas-François Parisot, conseiller d'Etat de Son Altesse Royale en 1714, Président à la Cour Souveraine en 1734; tous noms dont le souvenir respectable ou la digne postérité persistent encore en Lorraine. Enfin, le 27 novembre 1678, Marie-Jeanne Alba avait donné au prévôt son mari deux jumeaux : un fils, François, qui licencié « in utroque jure » de l'Université mussipontaine le 11 juillet 1699, après avoir plaidé quelque peu, et exercé la charge de prévôt et chef de police à Epinal, avait, en 1708, succédé à son beau-frère Dagobert Millet dans l'office de procureur de S. A. R. au bailliage de Pont-à-Mousson, et qui, lorsqu'il mourut par accident le 13 octobre 1752, retiré à Affracourt, portait le titre de Protecteur de l'Université où il avait fait ses études. Une fille enfin, Marie-Christine. François semblait avoir reçu le don, quelquefois nuisible, de la fantaisie, de son parrain François-Henri Huin, seigneur de Jarville, conseiller d'Etat de S. A. R., Procureur général de Lorraine, qui fut poète aussi bien que politique (44); Marie-Christine, elle, paraît avoir hérité la santé de corps et d'esprit de sa marraine Christine-Ignace Huin, dame Becel.

Il est probable que, lorsqu'elle chercha à établir dignement sa filleule et petite cousine, qui menaçait fort de rester vieille fille comme son frère jumeau demeurait vieux garçon, la bonne dame Becel jeta volontiers les yeux sur Charles de Saint-Lambert. Patrimoine modeste, chez l'époux, profession estimable, maigres espérances; en revanche, une noblesse militaire fondée sur plusieurs siècles de courage, un caractère droit, de hautes relations. Quatre années de différence, au désavantage, ou selon les points de vue, à l'avantage de l'épouse, qui apportait à son mari la propriété d'une maison et de quelques terres à Affracourt, ainsi que l'expectative d'un tiers dans le problématique héritage du bourreau d'argent François; mais, avec une valable noblesse, une immense troupe de parents et d'amis capables d'embellir, sinon d'enrichir le train du nouveau ménage. Un petit-neveu d'Anne-Marie de Saint-Lambert, Antoine-Julien de Saint-Félix, qui faisait justement à Haroué ministère d'avocat, était, d'autre part, à la source même des renseignements, pour assurer les intérêts de son cousin. Toutes garanties données, toutes convenances reconnues, les fiançailles de raison eurent lieu, malgré l'inclémence d'un hiver singulièrement neigeux, le 20 février 1716, en présence du cousin Saint-Félix et du cousin Antoine Alba, prévôt au marquisat d'Haroué. Le contrat fut reçu le lendemain par maître Félix, notaire au dit lieu (45). Et, huit jours après, sous la basse nef de l'église intime, autour de la blanche Marie-Christine et du lieutenant aux Gardes resplendissant dans l'écarlate et l'orangé de son uniforme, se pressaient, outre les deux témoins, les parents et parentes des conjoints, les demoiselles de Saint-Lambert, Anne et Jeanneton, tirées, par les circonstances, de leur solitude dévote de Martigny, et, pour pendant, la cousine Jeanne-Henriette Malcuit, elle aussi célibataire endurcie, et la nièce de celle-ci, la petite cousine Anne-Henriette, la future femme d'Henri-Adam de Fériet, écuyer, capitaine au régiment de Rouergue, voisin gracieux et fidèle ami. La cérémonie faite, le couple s'en fut à Nancy, où le mari se trouvait rappelé par les devoirs de son grade. Les exigences du service l'entraînèrent peut-être même à Lunéville, pendant le séjour qu'y fit la cour ducale, d'avril à novembre. Il avait d'ailleurs, pour troubler ces premières satisfactions conjugales particulièrement sensibles dans l'âge mûr, autant de préoccupations, certes, que d'occupations.

Au décès de Charles-Philippe, soit par bonne entente, soit pour discorde chicaneuse, on n'avait pas arrangé le partage des biens. Les quatre filles et le cadet, (l'aîné étant exclu pour avoir reçu précédemment son lot), demeurèrent ainsi dans cette fausse situation de commune jouissance. Une fois chef de famille, Charles exigea le règlement des comptes. Après de vaines disputes, il obtint du bailliage de Mirecourt une sentence obligeant la défenderesse et aînée de la maison à procéder à un lotissement qui eut lieu le 10 juillet 1717. Cinq parts établies, on donna au demandeur le droit de choisir « lequel lot lui plairait ». Aucun ne lui agréa. On tomba d'accord seulement le 10 juin 1720, à Darney, pour un partage des biens de Martigny et d'Esley tout ensemble, les uns formant trois lots, les autres deux; on jugeait, non sans raison, de quelque difficulté, la division en cinq parties chacune, de deux maisons construites l'une et l'autre pour un seul ménage. Charles prit une des portions d'Esley (46). Puis les liens se relâchent entre les belles-sœurs qui boudent, avec un peu d'envie, et l'intruse. On ne voit plus paraître les vieilles demoiselles aux fêtes de la famille. Elles se cantonnent dans leur manoir, se dépensent en travaux agricoles, en œuvres pies, en mélancoliques souvenirs; puis elles cessent de tenir, comme jadis, sur les fonts, les nouveau-nés du village; elles afferment tous leurs champs, tous leurs prés, multiplient les fondations en argent et en nature, rentes de cinq à cinquante livres, prairie d'une voiture et demie, dans l'église du lieu. Et, l'une après l'autre, elles s'éteignent ou s'écroulent; Marie, la première, le 9 janvier 1739, « attaquée d'une apoplexie qui l'a assommée, en telle sorte qu'elle n'a eu ni connaissance, ni sentiment »; c'est ensuite le tour d'Anne, l'aînée, le 29 mai 1744, décédée, elle, « en pleine connaissance, comme une véritable chrétienne »; le 7 octobre 1750, la dernière, Claire, voyait mettre au tombeau, « au bas de l'autel de Saint-Fiacre, hors du balustre », sa sœur Jeanne, celle qui aimait tant Esley, et à qui René, son frère, avait causé, par imprudence, « bien des maux ». Et lorsque Claire elle-même, à l'âge de quatre-vingt-deux ans, quitta, pour rejoindre ses sœurs, sous la dalle de l'église, la maison familiale de la rue de Dompierre, le 9 décembre 1761, il y avait longtemps déjà que son cadet Charles reposait dans l'église Notre-Dame de Nancy, « à côté de la chapelle de Sainte-Anne, près le grillage de la chapelle ronde ». Dame Marie-Christine Chevalier, douairière, portait avec verdeur ses quatre-vingt-trois ans, rebelle en matière de régime (47), tenace en fait d'intérêts. Et, pour partager le produit de la vente de Martigny, le 30 avril 1762, il ne restait plus de la famille que deux filles de René, et les deux enfants de Charles, la cadette, demoiselle Françoise de Saint-Lambert, fille majeure, et l'aîné, messire Jean-François de Saint-Lambert, alors chevalier de l'Ordre Royal et Militaire de Saint-Louis, mestre-de-camp de cavalerie pour le service de France, grand-maître de la Garde-Robe de S. M. le Roi de Pologne, duc de Lorraine et de Bar.

C'est qu'à la date de cette liquidation quarante-six ans s'étaient écoulés, depuis le jour où Charles de Saint-Lambert avait échangé l'anneau nuptial avec Marie-Christine Chevalier. Tout de suite, le lieutenant aux Gardes avait opté pour le séjour de ses parents d'alliance. Il n'avait pas élu domicile à Nancy, dont on prévoyait déjà le prochain abandon. Les liasses de maître César Maujean, notaire de la famille, ne contiennent aucun papier qui la concerne (48); l'état « des gens nobles résidant à Nancy-la-Vieille, qui ont payé leurs paroisses les ans 1716, 1717 et 1718 » ne contient pas ce nom, à côté de ceux d'autres officiers, comme M. du Cerf, et de Mme Becel, de MM. Barbarat et Millet (49). Est-ce donc chez des amis qu'habitait le lieutenant, que descendait sa femme lors de ses voyages d'Affracourt à Nancy? Si la tradition est exacte (50), qui fait naître le plus célèbre personnage du nom, le poète des *Pièces fugitives*, l'auteur des *Saisons*, le moraliste des *Fables Orientales*, le philosophe du *Catéchisme Universel*, dans quelqu'une des hautes, grises, froides, sombres maisons de la rue Saint-Pierre, dite à présent de Guise, c'est que probablement l'appréhension d'une grossesse tardive,

4

mieux traitable par les illustres médecins de la ville, amena
Marie-Christine, l'hiver de 1716, dans la paroisse Notre-
Dame. Le surlendemain de Noël, le curé de cette église, le
sieur Le Vasseur, prêtre de l'Oratoire, baptisait le frêle Jean-
François qui, la veille, avait pour un si long temps ouvert les
yeux à la lumière. Mme Becel, marraine de la mère, eut le
plaisir d'être marraine du fils, avec, pour compère, M. du Cerf.

Pour la première fois, ce jour-là, plein de l'orgueil de se
voir un héritier, Charles de Saint-Lambert se donnait du
« chevalier » ; jusqu'alors, tout gentilhomme de nom et d'armes
qu'il était, il s'était toujours proprement qualifié « écuyer » ;
mais il tenait sans doute à s'entendre appeler « messire ».
Les règles, aussi bien, commençaient à être peu observées :

C'était le temps de l'aimable Régence,

et malgré son caractère foncièrement exclusif, la Lorraine
laissait alors pénétrer chez elle, avec les vertugadins, les
abus de Paris. On escomptait titres et grades; et, sur le
registre officiel, — monument de première autorité pour les
honnêtes historiens, comme pour les fonctionnaires, comme
pour les magistrats, — cette luxueuse appellation de « chevalier », ainsi que cet étrange avancement, dans les grenadiers, du lieutenant en second de la Compagnie de la Porte,
prenait le bel air de l'actualité. Par malheur, le sacristain,
fort exact à transcrire ces inexactitudes, négligea l'essentielle
vérité, libella « Charles Lambert », au lieu du « sieur Charles
de Saint-Lambert »; étourderie qui devait donner naissance,
dans le cours du dix-neuvième siècle, à l'inutile légende de la
roture du poète philosophe, légende colportée au vingtième
siècle encore, machinalement, par des écrivains même d'origine ou de profession lorraine (51).

Dès les relevailles, la mère et l'enfant partirent pour Affracourt, et le régime du ménage s'organisa. Le foyer s'enrichit
d'une fille, Françoise, née de même à Nancy le 8 février
1718, et qui, le jour suivant, eut pour parrain son oncle
Nicolas-François Parisot, conseiller d'Etat, pour marraine sa
tante Françoise Chevalier, femme de Dagobert Millet, conseiller à la Chambre des Comptes, tous deux du côté ma-

ternel. Puis ce fut un deuil. Le 24 mars 1723, Charles-Henri, le second fils de « Messire Charles de Saint-Lambert, chevalier, seigneur du Magny, capitaine-lieutenant au régiment des gardes de Son Altesse Royale », avait été baptisé en l'église d'Affracourt, filleul de Messire Adam Fériet et de Mlle Anne de Longin, cousine par alliance du parrain, membres, l'une et l'autre, de la tribu des Malcuit, amis et voisins des Saint-Lambert. Le 5 juin, le nourrisson mourait à Crantenoy, probablement de la petite vérole qui pour lors anéantit la fleur des enfants de Lorraine, dans le palais du souverain, comme dans la chaumière du paysan (52).

Ce nuage n'altéra qu'un moment le ciel d'Affracourt. Le règne de Léopold, qu'une impertinente tradition a rendu si populaire, eut du moins le mieux appréciable des avantages, celui de la paix : après la crise du 16 juin 1700, la Lorraine demeurait encore aux Lorrains. Français d'origine, mais fortement enraciné dans la patrie de ses plus proches aïeux, Charles s'abandonna librement à ses simples goûts, réglés sans doute par l'influence prudente de la fille du prévôt. On le voit se répandre de plus en plus dans la famille de sa femme, resserrant de solides relations avec cette innombrable parenté, figurant à Affracourt et à Nancy aux cérémonies de baptême et de mariage, où sa prestance et son nom jettent un éclat précieux pour des anoblis encore récents. Le 22 décembre 1729, il est témoin des épousailles de Charles-Christophe du Plessis, écuyer, seigneur de Creuë, le fils du doyen des conseillers-secrétaires du Roi de la chancellerie de Metz, et, d'autre part, de Marguerite de Millet, fille aînée de Françoise Chevalier, celle qui, bientôt, devenue veuve, devait épouser, le 24 avril 1731, Léopold-Henri Protin, chevalier, seigneur de Vulmont, conseiller d'Etat; et, le 9 janvier 1738, il était choisi pour parrain du fruit de cette seconde union, Dominique, plus tard docteur de la Sorbonne, vicaire général du diocèse, dont la marraine fut Dame Marie-Anne-Agathe-Rose de Ponze, fiancée à Claude-Georges de Barbarat, seigneur de Mazirot, président au Parlement de Metz. Henri-Adam de Fériet, comme lui militaire, et propriétaire à Affracourt, lui demande le même office à la naissance

de son second enfant, Charles-François, le 1ᵉʳ mars 1726 53).
Enfin Marie-Anne de Longin, fille du seigneur de Vrécourt,
qui avait été marraine du pauvre petit Charles-Henri, tient à
ce que Charles de Saint-Lambert figure à son mariage, le
13 août 1736, avec Léopold de Saint-Privé, plus tard écuyer
du Roi de Pologne.

En même temps, dans un corps où l'avancement se faisait
au choix, mais où, par la rareté des vacances, les chances
de promotion se trouvaient fort difficiles, l'officier, dès
février 1720, passait lieutenant en second, aux appointements
de trois cents livres d'abord, puis de quatre cents livres
pour les trois derniers quartiers. Aussitôt il était nommé à
la lieutenance en premier, avec cent livres de plus. C'est
dans cette position qu'il demeura jusqu'à la fin du règne de
Léopold. Toutefois, grâce à l'amitié du puissant Louis
Barbarat, il reçut, sur ordonnance du 11 décembre 1721, une
gratification de cent soixante-dix-sept livres, et, en 1728, un
brevet bienvenu lui notifiait, selon la formule, « la satisfaction
que S. A. R. avait de ses bons et fidèles services, et l'engageait
à les continuer, par une pension de trois cents livres ». Mais
peu de temps après que, dans la nuit du 29 au 30 mars 1729,
Charles eut, avec sa compagnie, escorté, de Lunéville à
Nancy, jusqu'à sa dernière demeure, la dépouille mortelle
de Léopold, il put prévoir, ainsi que tous les serviteurs de
la maison ducale, à la raide austérité germanique du nouveau
souverain, que les beaux jours étaient passés. Cependant,
si l'on sévit d'abord sur les titulaires des grandes dotations
du prodigue défunt, si, en face d'Affracourt, de l'autre côté
de la rivière, les maçons achevaient en moellon, après l'avoir
commencé en pierre de taille, le château que Boffrand élevait
pour le prince de Craon, l'on ne grimelina pas trop sur les
menus dons faits aux modestes officiers. Les termes seuls
furent modifiés : signe caractéristique, la pension de trois
cents livres, dite « de charité », d'après les registres de
Léopold, s'honora, en 1731, du nom de « grande pension »
dans les comptes de François III. Et, s'il n'en toucha pas
un sol en 1730, l'année des liquidations forcées, Charles de
Saint-Lambert eut pour consolation une fiche de cent livres

ajoutée alors à sa solde, et ensuite maintenue (54). Il n'en jouit pas longtemps.

Le 27 avril 1731, le duc François était parti, sous le prétexte d'un simple voyage, célébrer à Vienne ses fiançailles avec l'archiduchesse Marie Thérèse; ce qui ne pouvait contrister les Maimbourg, les Fériet, les Huin, les Parisot, les Malcuit, qui avaient des parents au service de l'Empire (55), mais devait inquiéter le lieutenant aux gardes, fidèle, par tradition de famille, à la maison, et surtout au sol de Lorraine. Les événements se précipitèrent, sous les yeux des particuliers impuissants. Le 22 juin 1732, M. d'Audiffret demandait à la duchesse-régente son audience de congé : terre sans souverain, corps sans âme, le duché tombait en langueur. Enfin, le 13 octobre 1733, trois jours après la guerre déclarée par la France à l'Autriche, le marquis de Custine, malgré qu'il en éprouvât, fit refaire à ses troupes la pénible marche sur Lunéville. A huit heures du matin, le régiment des Gardes et les Cadets évacuèrent Nancy, à l'exception des postes du palais ducal; et, à dix heures, le comte de Belle-Isle, monté sur un cheval qui lui venait du duc François, pénétra, avec quatre mille fusiliers, l'arme chargée, et artilleurs, la mèche allumée, dans la ville ouverte, dont il reçut les clefs, des mains du gouverneur, au bout du pont de la porte Notre-Dame (56). Ce fut, pour le régiment, le coup suprême. On finit par le licencier, une fois décidée la cession du duché, de même que la compagnie des Cadets, séminaire d'officiers. Chacun conserva son épée, et tira de son côté : les uns formèrent la compagnie des Gardes du corps à pied de la duchesse douairière, à Commercy; d'autres tinrent garnison dans le comté de Falkenstein; quelques-uns suivirent le sort des Cent-Suisses et des Chevau-Légers, et gagnèrent Florence ou Vienne; la plupart des vieux militaires ensevelirent, dans une retraite morose, leur profond ressentiment. « Je ne puis, disait au duc, lors du départ de celui-ci, le capitaine aide-major Dominique-François de Monthureux, je ne puis me résoudre à quitter une terre où je ne peux faire un pas sans trouver un bienfait de votre père. Il nous aimait, et ne nous eût pas quittés (57). » Pure illusion, — on le sait de reste, — mais illusion émouvante et généreuse, comme tout ce qui vient d'un cœur loyal. Charles de Saint-Lambert maugréa, comme ses collègues; mais, puisque nulle part les bienfaits de Léopold n'étaient plus étalés ni plus éclatants que dans le marquisat d'Haroué, il s'installa, pour toujours, — pensait-il, — dans sa propriété d'Affracourt, parmi ce peuple « d'heureux cultivateurs » dont son fils devait conserver en son cœur et célébrer dans son poème une image flatteuse encore que véritable (58).

Que le spectacle du sol et du ciel portât les âmes poétiques à la méditation, c'était le dernier des soucis de l'ancien officier dont la jeunesse s'était prosaïquement ébattue dans les campagnes d'Esley. Ce qu'il observait avant tout, avec les réconforts à lui donnés par la considération et l'amitié de ses voisins, c'était l'air de prospérité du canton. Dès que Marc de Beauvau eut reçu, du duc Léopold, entre autres dons princiers, « l'une des plus belles terres de Lorraine », le 20 février 1720, il tint, en vertu de l'arrêt de la Cour Souveraine du 17 juin, à venir prendre fastueusement possession de l'ancien domaine du fameux maréchal François de Bassompierre, et il le fit, le 22 juillet, « précédé des drapeaux et des tambours de Son Altesse Royale, et de tous les hommes du marquisat, partie à cheval, partie à pied (59) ». Une créancière des seigneurs précédents, la comtesse douairière d'Armaillé, avait tenté de se revancher sur le nouveau marquis : elle fut, par arrêt du Conseil de S. M. T. C., en date du 6 août, déboutée de ses revendications (60). Et Marc de Craon put à son aise demander au maître Boffrand de reconstruire, au bord verdoyant du Madon, sur les fondations du vieux château-fort (si célèbre jadis par ses richesses artistiques, avant que la jalouse main de Richelieu ne l'eût ruiné comme tant d'autres, mais « pour lors fort caduc »), cet édifice plein de grâce et de majesté, dont les ailes, avec leurs tours hautaines, agrandies encore par l'ample profondeur des douves, enferment et abritent le plus séduisant des palais. Une humanité tutélaire, une généreuse nature, plus encore qu'une finesse heureusement habile, firent que le seigneur d'Haroué regarda, delà les fossés, les parapets et

les grilles, les êtres qui vivaient sous sa loi. Et de près et de
loin, confiant en la place privilégiée qu'il tenait avec sa
femme dans le cœur de son duc, il agit si juste et si bien,
que pour son départ, en août 1723, quand il accompagna le
jeune prince François dans un voyage à Vienne, le pays
s'était relevé des ruines accumulées par deux siècles de
guerre ou d'occupation, de l'abandon causé par de négli-
gents propriétaires, de la disette d'hommes et d'argent enfin,
que des intempéries dévastatrices avaient encore aggravée.
Grâce au marquis, devenu prince du Saint-Empire à la fin de
décembre 1722, on avait oublié les funestes années pendant
lesquelles tant d'adultes, « sans compter une infinité d'enfants, étaient morts les uns tués, les autres outragés de
coups, de famine, de pauvreté et de mélancolie », ou, comme
ce chapelain en 1636, enlevés par la peste, avaient été profa-
nement' enterrés, là où ils étaient tombés, « pour n'avoir
trouvé personne qui voulût les porter au cimetière » (61).
Près du château, l'église se couronnait d'une dernière
travée; la porte du magister s'ouvrait à maints écoliers;
de neuves maisons d'agriculteurs prolongeaient l'avenue;
dans la rue montante, du côté de Crantenoy, les demeures
des officiers de justice et finance égayaient de vignes vierges
et de roses grimpantes la ligne roide et droite de leurs
façades longtemps sombres et closes. Les moutons foison-
naient le long des côtes, à l'ombre des bois; dans les
pâquis communaux, parmi lesquels se jouait l'irritable
Madon, les chevaux s'ébattaient, s'engraissaient les bœufs. Le
marché du lundi, lés deux foires de l'année, rassemblaient sur
la place publique ce peuple de cultivateurs importants, hos-
pitaliers, grivois, respectueux de qui les respecte, qui se per-
pétue sur les terres morcelées par la petite propriété. Et si
la prévôté qui, le 24 mai 1736, fut transformée en prévôté
bailliagère, voyait se multiplier les avocats, Saint-Félix,
Saint-Mihiel, et autres, « dans la chambre du conseil tapissée,
plafonnée et boisée », on y avait presque perdu l'usage des
« geôles, geôliers, carcan, fourches patibulaires » (62).
    Le village d'Affracourt avait pris sa part de la prospérité
générale. De dix habitants en 1661, il était passé, en 1710, à

cinquante-sept, plus sept garçons; et, en 1726, la population s'était accrue au point que la communauté avait sollicité pour faire ériger la succursale en cure. Le curé de Saint-Firmin, dont dépendait le village, avait fait échouer la requête devant le commissaire de l'évêque de Toul; et à chaque tournée épiscopale, c'était vers la paroisse, le long des pentes et des lacets des belles chaussées de Léopold, une théorie de « confirmés » de plus en plus longue d'année en année. Les prétentions du maître d'école, surmené sans doute, devenaient exorbitantes, et l'on avait dû, l'an 1726 même, rabattre le caquet pédantesque de Nicolas-François Rollin, lequel protestait de son droit « de prendre pour sa rétribution, non seulement la dîme des terres de la troisième charrue des laboureurs, mais encore de toutes celles que le laboureur de cette charrue aurait labourées pour autrui, outre la même dîme des mêmes terres de ce laboureur et des autres, par lui cultivées » (63). La noblesse du lieu comptait, avec les Saint-Lambert et les Fériet, dans leur beau manoir carré qui dominait l'église, une cousine des uns et des autres, Henriette-Marguerite Malcuit, veuve de Nicolas-François de l'Epée, vieille dame dont la dévote existence dura jusqu'à son nonante-deuxième automne; et la veuve de Jean-Philippe de Rousselle, chevalier du Saint-Empire, Dame Elisabeth Barret, dont le fils Léopold finit sa carrière lieutenant-colonel au service de la Reine de Hongrie; — toutes deux, comme il convient, enclines à prodiguer à Jean-François, ainsi qu'à Françoise, récits, conseils et friandises.

A cinq cents toises de son logis, Charles de Saint-Lambert retrouvait toute l'aristocratie d'Haroué, c'est-à-dire sa famille. Il alla sans doute au château faire sa cour à la belle Anne-Marguerite de Ligniville, princesse de Craon, lors des rares séjours de celle-ci au chef-lieu du marquisat; notamment le 6 et le 7 mars 1737, quand elle eut l'honneur, étrange pour la favorite de feu Léopold, d'héberger, sinon de recevoir, la veuve du dit Léopold, la duchesse-douairière Elisabeth-Charlotte d'Orléans, qui venait de s'arracher, désespérée, au désespoir de ses anciens sujets, et qui, avant de se confiner dans la retraite de Commercy, où la France la reléguait pour mettre, en sa place, à Lunéville, un ci-devant roi de Pologne, Stanislas Leszczynski, reconduisait aussi loin que possible, parmi les feux de joie et les soupirs de regret, la princesse sa fille, Elisabeth-Thérèse, menée par le prince de Carignan, vers un trône si tôt ravi par la mort, au roi de Sardaigne, son époux. Sans doute aussi cultiva-t-il avec un soin respectueux la mutuelle sympathie de Charles-Juste de Beauvau et de Jean-François de Saint-Lambert, sympathie déclarée dès la plus tendre enfance, comme le fils du prince sortait à peine de nourrice, et que le fils de l'écuyer suivait à peine les leçons du magister, sympathie fortifiée par plusieurs années d'études communes au collège de Pont-à-Mousson. Charles, dans son orgueil, était pourtant loin de prévoir qu'une camaraderie entre deux êtres de fortunes si différentes deviendrait cette célèbre amitié, scellée par le partage des travaux militaires, des jouissances intellectuelles, des convictions philosophiques, et que, dans un avenir lointain, en l'année 1789, Charles-Juste, prince de Beauvau, maréchal de France, gouverneur de Provence, capitaine des Gardes-du-Corps de S. M. T. C., l'un des Quarante de l'Académie Française, membre de l'Académie des Inscriptions et Belles-Lettres, et de celles de Bordeaux et de Nîmes, comblé de tant d'honneurs acquis par la droiture, entouré de tant d'hommages fondés sur la vénération, tiendrait à proclamer dans le pays même d'Haroué. Deux mois avant la journée du 14 juillet, le prince acceptait, ainsi que la princesse, de présider au baptême d'une nouvelle cloche, la « Saint-Lambert » destinée au clocher d'Affracourt. L'inscription baptistaire, laborieusement élucubrée par les beaux esprits et fins lettrés de l'endroit, mentionnait, en termes exprès, de la part du maréchal, que son épouse Marie-Charlotte de Rohan-Chabot et lui « s'acquittent avec d'autant plus de plaisir de cette fonction, que cette cloche doit porter le nom de leur ami, dont Affracourt a été le berceau et doit s'en honorer » :

> *Vicinus nuper, socius nunc, semper amicus,*
> *hoc habeat veteris pignus amicitiæ.*
> Voisin anciennement, maintenant associé, et toujours ami,
> qu'il reçoive ce gage d'une ancienne amitié (64). »

L'épisode est d'autant plus touchant que la « Saint-Lambert » sonna, pour la première et dernière fois, le matin du 10 août 1789. Quelques années plus tard, — années pour eux terribles entre toutes, — dans l'après-midi du 19 mai 1793, au moment où, dans l'asile forestier du château du Val, les deux vieillards se disaient le suprême adieu, séparés par la mort, unis par le souvenir, il n'y avait plus seulement entre eux l'égalité académique : ils n'étaient plus, officiellement, par la force des révolutions, que ce qu'ils avaient été intimement, par l'impulsion de leurs natures, deux amis.

Pour l'instant, Charles de Saint-Lambert songeait à diriger son enfant dans la profitable voie suivie par ses aïeux, celle qu'il n'avait pas eu lui-même l'occasion d'aborder : le service d'un puissant seigneur. Or, il était à prévoir que, demeurant, par le renoncement ou la mort de ses trois frères aînés, l'héritier des titres et des biens de son père, le jeune fils du prince de Craon ne laisserait pas de jouer, dans les affaires de la Lorraine et aussi de la France, un rôle du premier plan. En attendant, le ci-devant lieutenant faisait lui-même, dans son canton, quelque figure. Pas un village de la vallée, ni de la côte, dans lequel ne s'ouvrît à lui, lorsqu'il jouissait de son droit de chasse, la maison d'un parent; pas un siège de bailliage ou de prévôté, de Charmes à Vézelise, où il ne pût patronner ses amis ou ses clients, pas un paysan des environs, qui ne se crût très honoré de lui acheter le superflu de ses moissons, de ses récoltes, de ses vendanges, et d'échanger à ce propos, en lui portant une brinde civile, plus d'une confidence sur les faveurs, et surtout sur les rigueurs, de la saison. Correct, poli, compassé, ayant plus de vingt-cinq ans monté la garde dans les palais ducaux, ou commandé la parade en de solennelles revues, M. de Saint-Lambert menait sa maison avec une dignité, une régularité, une inflexibilité militaires, altérant peut-être chez ses enfants le plaisir de la vie en saine liberté dans la franche nature (65). Marie-Christine, comme il arrive, plus fine, plus sensible, et mieux inspirée, ne manqua pas à son rôle maternel, amortissant les boutades, atténuant les arrêts d'un cadet, et subalterne, devenu chef de famille. Sœur jumelle d'un François Chevalier, elle pouvait bien comprendre un René de Saint-Lambert. Et si le jeune Jean-François acquit dès l'enfance une grâce, une délicatesse, une distinction par tous appréciée dès ses débuts, si la petite Françoise contracta des mœurs paisibles, de charitables sentiments, de modestes ambitions, ils durent certainement ce qui fit le renom de l'un, la vertu de l'autre, aux tempéraments qu'apporta leur mère à la rigoureuse autorité de son époux.

Telle était l'existence dans la maison sise au penchant de la Grand Rue d'Affracourt, en face de la fontaine dite encore Saint-Lambert (66). Maison toute plate, toute nue, de façade, avec ses deux fenêtres aux volets pleins, au cadre cintré, et sa haute et large porte cochère, que surmontent les trois lucarnes du grenier. Quand on avait traversé le passage, capable de donner accès aux charrettes les plus orgueilleusement chargées, on se trouvait, dans la cour, en face d'un hangar élevé, à deux étages, fort propre à sécher pois, fèves et tabac. A droite, la chambre à four et l'écurie, toutes banales. Ce qui donnait, et ce qui laisse encore aujourd'hui, quelque caractère à cette cour, c'est le couloir voûté, qui, parallèlement à la façade, s'enfonce vers la cuisine ample en sa pénombre, avec sa cheminée monumentale et son placard profond : ce couloir, c'était un de ces recoins imprévus que les enfants s'ingénient à remplir de leurs jeux et de leurs fantaisies. Le long de la rue, une chambre, éclairée du côté de la cour; puis une autre, avec fenêtre de façade; puis le poêle, sans autre lumière que celle de la salle précédente; enfin, une seconde chambre claire. Nombre de portes, les quatre pièces communiquant entre elles, à volonté, la deuxième débouchant sur l'entrée, la quatrième sur la cuisine. Au-dessus, d'immenses greniers et faux-greniers, ceux-ci pris sur la hauteur de cette cuisine, du poêle et de la chambre attenante; au-dessous, des caves et fruitiers aux voûtes massives, à la mode des champs, où l'homme semble enfoui au sein de ses ressources. Murs pleins et forts; plafonds faits d'un simple plancher reposant sur les minces et dures solives, recéleuses de poudre, d'ombre et de mystère. A peine une note d'élégance dans une des cheminées,

taillée en la pierre noircie, dont la tablette est soutenue
par des coquilles sculptées, et surmontée d'un cadre en relief,
aux souples fleurons, aux cannelures légères.

Au sortir de la cour, en gravissant cinq marches escar-
pées, on arrivait dans le jardin potager, clos de murs à mi-
taille d'homme, d'un côté, et dominé, sur la droite, par l'en-
ceinte circulaire du cimetière, esplanade silencieuse où,
flanqué de ses deux chapelles, le chevet trapu de la vieille
église ouvrait, sous le capuchon de sa toiture hexagonale,
entre ses quatre solides contreforts, les clairs regards de ses
vitraux ; jusque sur les plates-bandes s'étendait, à l'heure du
couchant, l'ombre pyramidale du clocher massif, avec son
coq aérien. La vue portait, dans ce sens, sur l'altier bâtiment
des anciens Templiers et sur la maison-franche des Malcuit,
demeure d'Henri-Adam de Fériet. Au bout du jardin, suivant
une très douce pente, un pré déployait son tapis, barré, en
travers, par un limpide ruisseau, bordé, à gauche, par les
arbres alignés d'un verger opulent. Enfin, au fond, la prairie
remontait, pour se perdre sous un bosquet dont les ormeaux,
les peupliers et les saules formaient un mouvant rideau le
long du sentier qui descend vers le Madon. De ce boqueteau
propice aux cruels plaisirs de la pipée, ou aux paisibles
joies de la songerie, l'on apercevait la rivière miroitante
entre les feuillages, et les blanches murailles du château
seigneurial.

Ce champêtre domaine abrita Charles de Saint-Lambert et
les siens jusqu'en l'année 1742. Alors son fils, après d'excel-
lentes études, et des essais poétiques, et de nombreuses
maladies, et des tergiversations variées, étant décidément
engagé dans le noble métier des armes, et sur le point de
faire campagne, en qualité de lieutenant de la Compagnie
Colonelle du nouveau Régiment des Gardes-Lorraines (67),
le chef de la famille résolut de transporter son domicile à
Nancy (68). Par bail passé le 23 juin 1742, contrôlé par le
tabellion Thibaut le 24 octobre 1744, il loua, à l'année, de sa
maison, la cuisine, le poêle et la chambre contiguë, et la cave,
et le grenier, avec la jouissance des jardins potager et fruitier « garnis de treilles, espaliers et autres douceurs », et des

deux tiers de la récolte, et « d'un très vaste et très bon verger peuplé d'excellents arbres », le tout pour le prix « très vil » de quatre-vingt-huit livres dix sous, à la commune d'Affracourt, afin d'y loger le vicaire, Claude Abel, qui exerçait à demeure depuis quatre ans. Le propriétaire se réservait, avec sa portion de grenier, les deux premières chambres, « avec promesse de sa part de ne les louer à personne, n'en voulant faire d'autre usage que pour les habiter lui-même dans le seul cas que ses affaires exigeraient qu'il allât passer quelques jours de l'année à la campagne ». Mais à peine, sur la foi du contrat, ledit sieur de Saint-Lambert eut-il évacué la place et « loué une maison à Nancy », que, le 12 juillet, le locataire adressait à l'Intendant un aigre placet. « On lui donna, dit-il, pour logement une maison... dans laquelle il est très incommode d'y (sic) habiter, la fumée y regorgeant, et n'y ayant aucun moyen de se garantir de cette incommodité que de tenir les vitres et portes ouvertes. » Les villageois, endurants de nature, songèrent à acquérir l'immeuble entier : ils comptaient sans « l'humeur ambulatoire » de leur hôte, « connu pour un homme élevé dans le fond des Vosges, dont l'on ne peut espérer que des grossièretés ». De fait, si l'on consulte l'opinion des compatriotes de l'acariâtre vicaire sur les parents de celui-ci, gros bonnets de petite ville, on voit qu'en 1679 Jeanne Abel « passa montagne de Rothenbach pour aller épouser à Munster », que, de 1721 à 1742, le sieur Claude Abel, marchand, père ou oncle de l'abbé, ne cessa de chercher noise à tous. Avant 1734, c'est une « requête des maire, jurés, habitants et communauté de La Bresse à Son Altesse Royale, disant que Claude Abel est un chicaneur, un ennemi de la paix »; vers 1739, une « requête des maire et gens administrant la justice au Lieutenant-Général du Bailliage des Vosges, disant que Claude Abel ne cesse de ternir leur réputation et leur honneur, en les traitant de voleurs, et en les accusant de rendre la justice par vindication; » enfin, l'an 1742 même, la sentence déboutant cet enragé dans un procès qu'il soutenait à propos d'une scierie « condamne, en outre, Claude Abel et son petit-fils à chacun cinq francs d'amende... pour avoir troublé les juges par leurs irrévérences et leurs immodesties ». Que faire contre un rejeton d'un caractère si analogue à la tradition familiale? On paya néanmoins seize écus de six francs, régulièrement, à M. de Saint Lambert, qui abandonna sans doute une chambre de plus à l'exigeant ecclésiastique. Mais le 6 juillet 1748, dame Marie-Christine Chevalier, depuis un an veuve douairière, porta plainte « pour n'être pas payée ». Le bail fut dénoncé. On installa le vicaire dans un appartement de la maison du sieur de Fériet, « la plus belle du village », d'où il délogea d'ailleurs, subrepticement, en 1750, le jour du vendredi saint. Inutile de suivre, dès lors, le versatile personnage dans les brusques déménagements qu'il redoubla de 1753 à 1778, au grand tracas de la communauté. Déjà Mme de Saint-Lambert avait cédé l'incommode logement au sieur Joseph Germonville, le 9 mai 1748, et elle se dessaisit du reste par la vente totale de la maison de sa jeunesse, le 7 novembre 1749, au sieur François Lhuillier, qui la conserva jusques au 15 mars 1784 (69).

Ce procès, qui peint au naturel le « château », comme disent quelques historiens, où fut élevé l'auteur de *Sarah Th****, prouve du moins que les gens d'Affracourt avaient vécu en excellents termes avec le propriétaire de la maison Saint-Lambert. A preuve encore une seconde affaire. « Au mois de mai 1742, la communauté reçut ordre de Sa Majesté de fournir à Landau une quantité de rations que la dite communauté était obligée à fournir. Et comme le fourrage était resté si court qu'à peine pouvaient-ils faire vivre leurs bestiaux, ils ont pris le parti, d'une voix unanime, de marchander toutes ces dites rations pour la somme de quatre cent cinquante livres. Et la dite communauté étant à court d'argent, elle s'a adressée (*sic*) à M. de Saint-Lambert, qui était pour lors à Affracourt, pour faire cet emprunt, ce qu'il lui a fait par un simple billet » (70). L'occasion de ce prêt explique comment Charles se résolut à quitter pour Nancy son cher « Facour » (comme il écrivait avec son orthographe décon certante). Depuis l'avènement du roi de Pologne, ou plutôt du chancelier Chaumont de la Galaizière, la Lorraine avait été mise en coupe réglée, — parfois déréglée. Le héros

devenu bonhomme essayait certes d'alléger, en détail, sur
sa propre cassette, les charges excessives dont

« l'esclave de la cour et l'ennemi du prince » (71)

accablait les personnes et les biens de ce duché; mais il se
considéra trop longtemps à Lunéville comme un hôte de
passage, grand créateur de surtouts, de mécaniques, de
façades et de dignités en trompe-l'œil, avant de se résigner
à mériter le beau surnom de Bienfaisant, par ces fondations,
constructions, donations, qui rendent sa mémoire plus justement glorieuse que ses exploits, ses épreuves et ses équi-
pées de jeunesse. Malgré tout, du fait des corvées, des
milices et des impôts (72), la condition des paysans, aggravée
par les risques des intempéries, menaçait, dès 1742, de
retourner à la noire misère d'autrefois. Et que serait-ce, si
jamais les armes étaient favorables au prince Charles-
Alexandre de Lorraine, en qui les vieux Lorrains loyalistes
mettaient un infatigable espoir, et qui devait, deux ans plus
tard, le 3 juillet 1744, causer en effet tant de tribulations à
Stanislas, tant de courses au maréchal de Belle-Isle, dit
« Trottin », tant de soin et tant d'honneur au chancelier de
la Galaizière? C'était, quel qu'en fût le chef, l'invasion, dont
l'horreur est plus cruelle dans les villages agricoles, grasses
proies si facilement englouties, en passant, par le monstre
de la guerre. L'ancien officier crut plus sûr de vivre à la
ville, où, du reste, l'affluence des privilégiés, le voisinage
des grands, le nombre des distractions, n'étaient pas avantages à dédaigner. Il se voyait enfin, dans la capitale, bien des
parents et des amis avec qui s'entretenir du présent et du
passé. Dans le « Rôle des Nobles des deux villes de Nancy,
pour la levée des cinq francs de paroisse de cette année 1742,
rôle arrêté le 29 décembre », pour la première fois figure
M. de Saint-Lambert, qui versa cinq francs zéro gros (73).

Quelle maison de la paroisse Notre-Dame occupa la famille
de Saint-Lambert? Aucun renseignement précis, faute d'actes
notariés. L' « Etat des maisons de la ville et des faubourgs »
porta en 1767 le recensement de 1763, effectué seize ans
après la mort de Charles, trois ans avant la fin de sa veuve

douairière. L' « Etat de la noblesse de Nancy », qui parut en
1772 donnant avec les numéros de paroisse les noms des
habitants de condition, mentionna Mlle de Saint-Lambert au
numéro 85 de la Petite Rue du Haut-Bourgeois, dite précédemment du Loup, à cause de l'hôtel construit par Boffrand,
sous le règne de Léopold, pour M. de Curel, Grand Louvetier
de Lorraine, et nommée au dix neuvième siècle des Loups à
cause des deux bêtes qui, depuis le temps de la Restauration,
décorent la grande porte de l'hôtel. A mi-côte de la pente
assez forte qui montait de la Grand Rue jusqu'aux fortifica-
tions et parallèlement à la ligne de ces dernières, si l'on peut
ainsi dire d'une capricieuse voie des vieux âges, cette rue,
bordée de maisons du côté septentrional seulement, continuait à angle droit la rue du Haut-Bourgeois jusqu'à la
spacieuse place où, de ce côté même, s'élevait l'antique
église de Notre-Dame, et en face la haute muraille, avec sa
porte aux motifs belliqueux, de l'Arsenal. De suite, l'hôtel
de Curel, monumental et froid sous le ciel gris-bleuâtre, et le
mur de l'ancien cimetière des Terreaux, qui bientôt, en 1760,
devait céder la place à la façade de deux bâtiments annexés
aux hôtels voisins. Enfin, barrant la rue du Haut-Bourgeois,
les jardins du comte de Rosières et les terrains sur lesquels,
du 9 mars 1743 au 5 janvier 1746, allait s'élever le « Petit
Hôtel » de la marquise des Armoises, ce sanctuaire des
gloires et des libertés lorraines. De l'autre côté, à partir du
portail de l'église paroissiale, se voyaient l'Hôtel de Gellenoncourt avec sa porte sculptée, son étroite cour humide, et,
fermant nettement la place, étrécissant presque la rue en
ruelle jusqu'en face de l'Hôtel du Louvetier, deux maisons,
dont la première, séjour des Sœurs de la Charité Notre-
Dame, avait deux portes, l'une sur la place même, l'autre sur
la rue Saint-Pierre, dite actuellement de Guise, celle où,
dit-on, était né Jean François. A l'autre coin de cette dernière
voie, et prenant de même accès sur elle, le petit étroit logis
du Chapelain de la chapelle Saint Nicolas, et, donnant sur
la rue du Loup, l'ample et banal hôtel qu'habita, vers 1767,
avec sa famille, M. Potier de Raynan, commissaire des
guerres. Une fois franchi le débouché du sombre passage du

Petit-Bourgeois, qui servait de dégagement aux communs et aux écuries des demeures prochaines, une maison plate accrochée au mur méridional de l'Hôtel de Ferrari. Telle était, en 1742, cette rue paisible de Nancy-la-Vieille; telle à peu près a-t-elle subsisté, malgré le prolongement, jusqu'au bastion de Danemark, de la rue du Haut-Bourgeois, le percement de la rue de la Munitionnaire ou Manutention, entre 1760, date du projet, et l'arrêt du Conseil de ville du 17 juin 1778; enfin, la disparition, dans l'hiver de 1797, de l'église Notre-Dame (74). Comme alors, aujourd'hui le pas du rare promeneur, le roulement de la voiture encore plus rare, retentissent sonores entre les façades d'ordinaire bien closes, excitant dans les cours l'aboi du chien méfiant, attirant aux fenêtres, sous le pli levé du rideau, le buste attentif de quelque vieille dame, de quelque servante guetteuse; les enfants des maisons bourgeoises s'ébattent sans danger sur la chaussée même; et depuis fort peu de temps les deux éteignoirs, signe de haute noblesse, ont été détachés de chaque côté de la porte de l'ancien hôtel des Armoises, qui, de couvent, ensuite, déchut en immeuble de rapport. Coin secret de la Ville Vieille, où, sur le terrain des Bourgets primitifs, se trouvaient mêlés de moyennes gens et de grands personnages, tous de foncière souche lorraine, où cette familiarité particulière aux Nancéiens tant éprouvés créait, de foyer à foyer, des rapports de voisinage, commerce de bienveillance et de dévoûment, sans abandon.

Il est très peu vraisemblable que Charles de Saint-Lambert ait en 1742 pris à loyer non une maison indépendante, mais une partie de l'Hôtel du Louvetier, où sa veuve et sa fille aient, dans la suite, habité (75). On peut croire, sans rien affirmer, qu'il loua le modeste pavillon portant le numéro 86 de la paroisse, sis juste à l'angle saillant de la place et de la rue, et dont la porte s'ouvrait en face du dit Hôtel de Curel. Maison carrée, ajustée à celle des Sœurs de la Charité, toute dépourvue de caractère, mais où l'on était chez soi, avec vue sur l'église, sur l'arsenal, sur les jardins de l'hôtel, pour le plus grand bonheur de l'âme dévote et des yeux agiles d'une alerte douairière et d'une demoiselle mûre. C'est là que mourut Charles, le 29 mai 1747, tandis que son fils, capitaine aux Gardes de Lorraine, entrait en campagne, après le passage du Var, avec son régiment campé à Saint-Laurent depuis le 18 mai; il finit, comme il avait vécu, digne, terne, décent; et il fut enterré, sans cortège, dans l'église Notre-Dame, en face du superbe mausolée élevé à la mémoire des Beauvau défunts.

Alors commença, pour la veuve et pour sa fille, une monotone existence où la piété égayée de péchés mignons semble avoir tenu la part d'honneur. Le fils et frère chéri, « soldat obscurément utile », poursuivait en vain, parmi les avantages incomplets et les revers achevés de campagnes décevantes, une occasion fugace de gloire et d'avancement. Puis ce fut la paix, l'agitation de la cour préférée au calme du foyer, par l'amant des « deux divinités » Chloé-Thémire-Célimène et Philis-Galatée-Timarette, — Boufflers et Châtelet (76). Non sans amertume, Marie-Christine sut, (est-il événement désagréable que l'on n'apprenne point très vite, à Nancy comme ailleurs?) que son fils l'avait « sacrifiée » pendant un congé de deux ou trois jours, à cette « divine Emilie » qu'il avait, disait-on, impudemment promenée en ville, le 23 et le 24 avril 1748, au lieu de venir embrasser sa mère et sa sœur. Et si la liaison qui se noua dès ce voyage procura peut être quelques bénéfices à la famille, — la liquidation, en particulier, de la pension jadis maintenue au lieutenant Charles par le duc de Lorraine devenu depuis empereur, et il s'agissait de deux mille écus, forte somme en vérité; — si, grâce aux relations de la marquise, les dettes militaires et autres du jeune capitaine se trouvèrent soldées sans qu'il eût besoin de recourir au coffre maternel; les agitations romanesques du printemps de 1749, l'expectative déçue d'une compagnie dans les Grenadiers de France, le rêve inutile d'un des trois régiments de milice lorraine, puis d'une charge de gentilhomme de la chambre du Roi de Pologne, le scandale enfin de la mort de Mme « Newton-Pompon », le 10 septembre de cette année-là, les « insultes inhumaines du public » qui révoltaient l'honnête Mme de Barbarat, les « extravagances » que les bonnes langues de Lunéville et de Nancy attribuaient à l'heureux rival de Voltaire, ne laissèrent pas de mettre le trouble et la honte dans le vertueux logis de la petite rue du Haut-Bourgeois (77). En revanche, une fois éteint le feu de paille des médisances et des calomnies, quelle gloire pour une mère et pour une sœur de contempler, dans la luxueuse galerie de l'hôtel de Craon, le 8 mai 1751, sur l'estrade où trônaient MM. les Censeurs titulaires, MM. les Censeurs honoraires de la Société littéraire, le nouvel académicien Jean-François, de l'entendre lui-même, après la lecture de la nouvelle œuvre de l'illustre président de Montesquieu, *Lysimaque*, louer en termes choisis le Roi Stanislas ; d'écouter le directeur, M. de Choiseul, primat de Lorraine, grand-aumônier du Roi, témoigner libéralement sans arrière-pensée au récipiendaire que sa réputation était déjà aussi répandue à Paris que dans sa patrie (78)! Que d'esperances en constatant l'amitié, de jour en jour croissante, du «beau prince» de Beauvau pour le joli poète qui, sans répugnance et sans obstacle, se laissait parer, dans les salons de la capitale française, du titre de marquis! Mais si les deux femmes avaient su que déjà le fils des Saint-Lambert, raccommodé avec Voltaire son maître, entreprit une nouvelle conquête amoureuse et collaborât à l'Encyclopédie, quelles angoisses et quelles prières! Qu'il fréquentât chez cet excellent baron d'Holbach, que l'on voyait parfois séjourner au château d'Art-sur-Meurthe, et qui, si chrétiennement, faisait élever ses filles par les Annonciades de Saint-Nicolas-du-Port, ou encore chez le doux, le correct, le réservé, le charitable M. Helvétius, qui avait épousé une Ligniville, à la bonne heure! Mais vivre avec les Grimm, les Diderot, les Rousseau, les Duclos! Ces dames, grâce à Dieu, n'en surent rien. Cependant passaient les années. Après l'abandonnement de la compagnie d'infanterie, ce fut, le 23 décembre 1754, l'achat, grâce aux bontés de Stanislas, du coûteux bâton d'exempt des Gardes du corps et, par un geste d'amitié fraternelle, la bonne moitié de la pension, six cents livres sur onze cents, reversées, avec l'autorisation du bienveillant souverain, sur la tête de Françoise, « en considération des services de sa famille (80) ». Puis on vit, dans l'austère maison, en décembre

1757, le brillant ami de la comtesse d'Houdetot, le spirituel
officier de l'état-major du comte de Maillebois, traîner perclus, puis béquillard, une pénible convalescence, déplaçant,
pour ménager ses beaux yeux offusqués par les pluies de
Westphalie, par les brumes d'Oostfrise, le bureau sur lequel,
non sans inquiétude pour sa carrière et pour son amour, il
multipliait des lettres à destination de Paris (81). Enfin, tous
nuages dissipés, à partir de l'hiver de 1762, M. le Grand-Maître
de la garde-robe de S. M. le roi de Pologne fit à Nancy, avant
et après son platonique service de quartier à Lunéville, des
séjours respectueusement réguliers, contant ce qu'il pouvait
conter de ses succès et de ses espoirs en Paris aux deux
femmes admirantes. Marie-Christine pourtant ne lut point
imprimé le poème des *Saisons* que, depuis tantôt vingt ans,
son fils polissait et repolissait; car, en bon disciple de Voltaire, il « faisait les vers comme Boileau (82) », ni ces chants
sur le *Génie* dont les tirades peu à peu allaient se figer dans
la prose d'articles anonymes de l'Encyclopédie et de son Supplément. Elle ne vit pas non plus cette fameuse Sophie-Elisa-
beth-Françoise de la Live de Bellegarde, comtesse d'Houdetot, dont le long nez comique, les grands yeux louches, la
voix émouvante et l' « angélique » indécence firent la conquête
de la société nancéienne lorsque son amant ami vint présenter,
en août 1766, à Mme des Armoises, celle en qui, depuis cinq ou
six ans, l'on rêvait, dans les cercles bien pensants de Nancy,
la future épouse du poète, chaque fois que d'aventure la
compagnie de Gendarmes, dont le comte d'Houdetot était le
capitaine-lieutenant, s'était trouvée fort exposée dans les
batailles (83). Mme de Saint Lambert n'eut pas, en effet, cette
double satisfaction; car l'année même où disparurent tant de
personnages, y compris le protagoniste, du drame lorrain, le
Roi Stanislas, le R. P. de Menoux, la marquise des Armoises,
le conseiller Protin de Vulmont, la maréchale de Berchiny,
sans compter les comparses, le 3 avril 1766, vers la minuit,
elle s'éteignit en douceur dans son quatre-vingt-huitième
printemps. Ls cortège de neveux qui assista à ses obsèques,
lorsqu'elle rejoignit son époux sous la lame, fut un témoignage
des rapports cordiaux de la famille de Françoise Chevalier

avec la sœur cadette de celle-ci. Quant à Jean-François, qui était revenu de Paris, entre deux postes, pour régler les affaires de sa sœur, il ne reparut plus guère, désormais déraciné, dans sa ville natale (84), où se révélait, l'automne suivant, pour tenir sa place dans la Société Royale des Sciences et Belles-Lettres de Nancy, un poète du terroir, alors à la fleur de l'âge, François de Neufchâteau.

Françoise demeura seule du nom en Lorraine; heureusement entourée de la postérité de parents, les Vernon, les Saint-Mihiel, ou d'amis tels que les Chatenoy, elle vécut sans incident son existence menue de fille fanée. Toujours subordonnée à son frère, comme il convenait, dès sa jeunesse, quand elle venait d'Affracourt à Lunéville, en cachette d'un père furibond, porter au nouvel officier les tendresses maternelles avec des remèdes pour la santé et des écus pour l'agrément (85), elle conserva le culte du plus renommé des Saint-Lambert jusqu'au terme de sa longue vie. La Révolution, sensible et sanglante à Nancy dès ses débuts, la surprit; de son appartement, elle entendit le fracas de la lutte fratricide de la porte Stainville le 30 août 1790 et, le 12 novembre 1792, les hurlements des fédérés dévastateurs; et lorsque le 28 brumaire an V, sous la présidence de Cambacérès, le Conseil des Cinq-Cents décréta d'urgence que la Trésorerie nationale payerait les pensions des « domestiques de Stanislas, Roi de Pologne » (décret ratifié le 22 frimaire par le Conseil des Anciens), il y avait bien dix-huit mois qu'Hippolyte Laurent, commerçant, et Jean-Baptiste Dron, marchand de vin, étaient venus le 25 floréal an III (14 mai 1795) déclarer à l'officier municipal le décès de « Françoise Saint-Lambert », morte ce jour même à sept heures du matin, en son domicile, rue du Haut-Bourgeois.

C'était l'époque où, poussé par la nécessité matérielle et par la vocation philosophique, le citoyen Saint-Lambert, avec une extraordinaire ténacité, digne de ses aïeux les guerriers, affrontait de nouveau, à quatre-vingts ans, les batailles littéraires. Tandis que Didot l'aîné imprimait deux des plus belles éditions des *Saisons*, Jean-François concluait, avec le libraire Agasse, le traité pour la publication et la vente de son œuvre de prédilection, les *Principes des mœurs ou Catéchisme universel* (19 germinal an IV-8 avril 1796), et, fidèle à sa maxime de membre de la ci-devant Académie Française, refusait, le 30 floréal (19 mai), l'élection qui l'appelait à l'Institut National, dans la section de poésie de la classe de la littérature et des beaux-arts. Enfin, en 1801, dans cette maison de Sannois, dont la mémoire conserve tant de charme, dans cet asile où, choyé par Mme d'Houdetot, par M. d'Houdetot aussi, il « entr'ouvrait doucement, — selon son mot, — la porte de son tombeau »; lorsqu'il dicta, « sain de corps et d'esprit », le dernier codicille de son testament à Maître Bouju, notaire, il n'oublia point, dans l'énumération de ses quelques dettes, les trois cent cinquante francs qu'il « devait peut être encore » au sieur Girardie, homme d'affaires de sa sœur, à Nancy, rue des Ponts. Ce jour-là, parmi les souvenirs émus qu'il adressait, faute de legs, à tous ses amis jeunes et vieux, il avait une pensée pour les seuls proches parents qui lui restassent en Lorraine. « Je prie, — dit-il, — ma cousine Mme de Vernon de recevoir à mon dernier moment les protestations de l'amitié respectueuse que j'ai toujours eue pour elle. Je la félicite du beau caractère de ses deux fils, dont l'un se distingue à l'armée de l'Empereur, et l'autre consacre à sa mère tous les moments de sa vie » (86). Cet adieu du philosophe, au seuil extrême de la vieillesse, (il devait être abattu, à Paris, dans la maison de ses amis Houdetot, le 20 pluviôse an XI, — 9 février 1803, — par une épidémie d'influenza), prend en quelque sorte un accent fatidique. Il semble que cet homme, dont les enfants périrent en bas âge sans avoir porté son nom, salue en ses petits-cousins ce qui avait fait la réelle beauté de ses pauvres et fiers aïeux, le dévouement à la famille, à la terre, au souverain, à la religion de la Lorraine. Pour lui, s'il avait, sur l'injonction de son père, acquis dans l'armée l'honneur de vingt-deux ans de service, la croix de Saint-Louis et le brevet de colonel, il avait obéi, selon l'exemple de son oncle, à l'attrayante vocation de la vie littéraire et mondaine. Plus fortuné que Charles, il avait rencontré un puissant protecteur, qui fut son inséparable ami; plus heureux que René, il avait obtenu, par ses ouvrages et

par ses aventures, la célébrité, l'aisance et le renom de sage.
Mais avec lui se brisait cette lignée d'hommes valeureux,
avisés et simples, sur qui peut avec assurance se fonder la
force et l'espoir d'un pays. Enfant d'un siècle dans tous les
sens libertin, nourrisson de l' « indulgente Société » de Jésus,
il avait détourné de leur objet traditionnel les instincts irrésis
tibles qu'avaient imprimés ses parents dans son être. L'opiniâtre droiture mua, chez lui, en politesse exquise; là subtilité processive, arme des écuyers campagnards, s'était accom-
modée pour ce marquis de cercles et de salons, en une
parure de finesse critique et de spirituelle vivacité; né sous
un ciel moins propice à la poésie qu'à l'analyse, ce sentiment
profond de la nature champêtre, que son aïeul et son père
avaient activement mis en œuvre, c'est en élégantes exhor-
tations, en descriptions savantes, en protestations sentimen-
tales, qu'il le voulut dépenser. Et cette robuste piété, dernier
refuge aux jours de détresse ou d'ennui, était dans son âme
devenue cette foi philosophique en la raison, sujette à bien
des froissements, — il s'en aperçut au déclin de sa vie, —
pour les hommes raisonnables plutôt que raisonneurs. En
cette créature d'élite, l'antique race avait accumulé, — faut-il
dire épuisé? — tous ses dons; comme ces vieux arbres des
vergers qui produisent enfin, au lieu de leurs mille fleurs
normales et fructueuses, un seul bouquet, si brillant et si
délié, que son fruit est cueilli très tôt, pour ensuite mûrir et
mourir, loin de sa branche, inutile, infécond, régal des yeux
pour le passant, et, pour le savant, sujet d'étude.

Notes et Références.

SOURCES ORIGINALES

A (Archives).

Ad. Archives départementales de Meurthe-et-Moselle, des Vosges, des Ardennes.

Am. Archives communales de Nancy, d'Affracourt, d'Haroué, de Vézelise, de Pont à-Mousson, de Fontenoy-le-Château, d'Esley, de Martigny-les-Bains, de Robécourt, de Langres, de Bourmont, etc.

B (Bibliothèque de l'Arsenal).
Archives de la Bastille. — 1698. For-l'Evêque. 10.512.

C (Bibliothèque de l'Arsenal).
Archives de la Bastille (ª). — 1706-1707. Bastille. 10.573.
(Dossiers cotés 1999 et 1972 par Frantz FUNCK-BRENTANO, les Lettres de cachet à Paris. Paris, 1903, in-4º.)

D (Papiers de la famille de SAINT LAMBERT, concernant la maison et les terres de Martigny.) Pièces trouvées dans cette propriété par André Collard, co-acquéreur en 1762, transmises à son gendre Larcher, et cédées le 7 juin 1912 par M. Larcher, arrière-petit-fils du précédent.

Collections particulières. — Archives de la famille NOËL, communiquées par M Georges NOËL. — Collection de M. Gaston MAUGRAS. — Collection personnelle.

Bn. (Bibliothèque nationale. — Manuscrits).
Pièces originales 1460-1461. Famille Habert de Montmort.
2759. Nº 61.597. Famille de Saint Lambert.

(ª) De ce dossier, on trouve publiée dans RAVAISSON, *Archives de la Bastille*, Paris 1880, in-8º, tome XI, pp. 360 367, une partie de la correspondance officielle (Lettres de Besançon, 12 décembre 1706; de Châlons, 30 janvier 1707; de Marly, 6 mars; de Paris, 18 mars; de Versailles, 20 mars et 4 avril; de Fontainebleau, 26 septembre.) A ces pièces est joint le texte du billet de M. de Pontchartrain, du 15 décembre 1706, tiré des Archives du Ministère de la Marine.

(1) Am. Robécourt, G G 1-6.

(2) SAINT-LAMBERT, Édition Janet et Cotelle. Paris, 1823, in-8°, *les Saisons :* *Eté*, v 419, etc.

(3) Trois pièces du dossier D permettent d'établir approximativement la valeur du domaine d'Esley, et la fortune des Saint-Lambert. D'après un inventaire dressé en vue du partage de l'héritage de Charles-Philippe entre cinq de ses enfants, le 10 juin 1720, et dont il ne reste que la nomenclature de deux lots de Martigny, on peut évaluer les biens de la famille à deux terres, Esley et Martigny, la première comprenant deux lots, la seconde trois ; en tout 2 maisons, 160 champs évalués en jours et en boisseaux (ci 125 jours, environ 265 ares), une cinquantaine de prés (ci 67 voitures et demie), une dizaine de chènevières de 7 boisseaux, et une douzaine de vignes. Après le décès de Claire de Saint Lambert (Acquêt du 30 avril 1762), quand on vendit sa part, légèrement accrue par les propriétés que la défunte avait héritées de ses sœurs, les héritiers touchèrent 5800 livres. Le bien de Charles Philippe, sans compter la dot de Madeleine Habert, aurait valu de 30.000 à 35.000 livres, Esley en représentant les deux cinquièmes. C'était l'ample aisance pour une famille de noblesse campagnarde ; le partage effectué, ce n'était pas l'opulence pour chacun des cinq enfants.

(4) Ad. Meurthe-et-Moselle, B. 5114-5115.

(5) Nicolas-François le Preudhomme, comte de Fontenoy et de Chatenoy, et la comtesse, née Marie-Thérèse Francoise Charlotte de Barbarat de Mazirot, demeurant d'ordinaire dans leur marquisat de Noviant, ou à Nancy, à l'hôtel de Fontenoy, rue du Haut-Bourgeois, n° 4. (Cf. H. LEFEBVRE, le Marquisat de Noviant-aux-Prés, *Mémoires de la Société d'Archéologie lorraine* (M. S. A. L.), 1894, p. 386 ; 1895, p. 5.)

(6) *Les Saisons : Automne*, v 241, etc. ; 289, etc.

(7) Couarail. — Mot du patois, très populaire en Lorraine, qui désigne les causeries animées des villageois et des villageoises sur le seuil des maisons.

(8) Hommes « saintieux » ou « seintiers ». — Redevanciers de cire. (Cf. *Mémoires de la Chambre des Comptes de Paris*, fo 272. Année 1391 : « Item a aucuns serfs, ou gens qui doivent à jour nommé cire. l'un plus, l'autre moins, que l'on appelle saintiers. »)

(9) G. HÉRELLE, la *Réforme de la Ligue en Champagne*. Paris, 1892, 2 vol. in-8°, t. II, p. 364, etc. ; Annales de Dom GANNERON, Centuries du pays des Essuens. Paris, 1894, in 8°. (*Revue de Champagne et de Brie*.)

(10) « Il y avait quelques terres situées entre la Lorraine et la Franche-Comté qu'on appelait terres de surséance, parce qu'elles étaient contestées entre le Roi d'Espagne, comme comte de Bourgogne, et le duc de Lorraine, et que, par un traité de l'année 1614, les officiers des deux princes étaient convenus que la souveraineté demeurerait en dépôt entre les mains des seigneurs hauts justiciers : ...Fontenoy-la Ville, ...Fontenoy la Côte. » (Mémoire concernant les États de Lorraine et du Barrois, dressé par J.-B. de VAUBOURG DES MARETS, 1697, in-8°, p. 11.)

(11) Ad. Meurthe-et Moselle. B. 2587, 2588. — LEPAGE, *Sur l'organisation et les institutions militaires de la Lorraine*. Paris, 1884, in-8°, p. 201. (Ordonnances de 1587 et de 1589.)

(12) Abbé LIONNOIS, *Histoire de la ville de Nancy*. Nancy, 1805 1811, 3 vol. in-8°, t. I, p. 255.

(13) Abbé OLIVIER, Fontenoy-le-Château *(Annales de la Société d'émulation des Vosges,* 1894.)

(14) C. folio 274.

(15) Mazarinade citée par TALLEMENT DES RÉAUX, *Historiettes.* Paris, 1855, in-8°, t. V, p. 11.

(16) Cf. TALLEMENT DES RÉAUX, t. V, pp. 9, etc. — SAINT-SIMON, *Mémoires.* Paris, 1873 1877, in-8°, t. Ier, pp. 66-76; t. II, p. 5. *Journal de la Société d'archéologie lorraine* (J. S. A. L.), 1855, pp. 49-51. — M. S A. L., 1863, p. 1; 1890, p. 33. *Gazette de France,* 12 août 1649, 27 mars 1660, 9 juillet 1661. — Correspondance du R. P. DONAT. Bibl. publique de Nancy, manuscrit 1306-914. — Lettres du cardinal de MAZARIN. Paris, 1852, in-4°. — DES ROBERTS, *Campagnes de Charles IV.* Paris, 1885-1891, 3 vol. in 8°. t III, *passim.* — JAL, *Dictionnaire historique,* Article d'Harcourt. — Ch. BLANC, *Histoire des peintres, École française.* Paris, 1862, in-4°, t. Ier, Nicolas Mignard, p. 3.

(17) MORÉRI, *Dictionnaire,* Article Habert.

(18) Un doute nous reste sur le blason des Saint-Lambert, que mentionne un seul Armorial, celui d'Anjou (par J. DENAIS, 3 vol. in-8°). Cet Armorial, d'après une pièce du Cabinet des Titres de la Bn., attribuée à Gaignières (2759, n° 61.597, pièce 5), décrit : « Saint Lambert. D'or à une croix fleuronnée de gueules. » Ces armes ressemblent fort à celles des Damas, maison alliée, dès le seizième siècle, à celle des Anglure : « D'or, à la croix ancrée de gueules. » Et une lettre de Jean-François de Saint-Lambert à François Antoine Devaux (Collection personnelle), adressée de Pont-à-Mousson, en 1735, porte un cachet qui, pour être détérioré, laisse distinguer nettement la croix ancrée. D'autre part, une pièce du Cabinet des Estampes de la Bn. (P e l m. 3440) donne, pour une religieuse du nom de Saint-Lambert · « Quatre fasces, au lambel à cinq pendants; un bandé de six pièces, cinq annelets en sautoir » *(sic).* Et une note du Cabinet des Titres (cote citée) présente, aussi pour une Saint Lambert : « Un écu à cinq anelets *(sic)* et un lambel et une bordure. »

(19) VARIN, *Archives administratives de Reims.* Paris, 1843, 6 vol. in-4°, t. III, p. 841. CMLIV.

(20) Après avoir appartenu aux comtes de Mont de Jeux, et à la maison de Châtillon, la seigneurie de Saint Lambert en Réthelois, à la fin du quinzième siècle, passa à l'illustre maison de Joyeuse. Louis de Joyeuse, gouverneur de Mouzon et Beaumont en Argonne, mourut le 4 mars 1498 au château de Saint-Lambert. C'est seulement au seizième siècle que son arrière petit-fils, né de Foucault de Joyeuse et d'Anne d'Anglure, Antoine de Joyeuse, mort à Moncontour le 3 octobre 1569, fit la branche des seigneurs de Saint Lambert. Le quatrième fils de ce dernier, Antoine, abbé de Belleval, porta ce titre, et finit, le 26 octobre 1611, gouverneur de Mézières. Robert de Joyeuse, après lui, contemporain du modeste Charles-Philippe, prit le titre de baron de Saint-Lambert; il fut lieutenant de Roi au gouvernement de Champagne jusqu'à sa mort, en 1660. Jules-Charles de Joyeuse, seigneur de Saint-Lambert, et de Ville-sur-Tourbe, vicomte de Warmeréville, page de la Chambre de S. M. T. C. en avril 1667, fut le dernier seigneur de Saint Lambert. Dans son testament, du 3 février 1705, il s'intitulait « chevalier, marquis seigneur de Saint Lambert, Montgobert et autres lieux, demeurant en son château audit Saint Lambert ». Il légua à Messire Daniel de Joyeuse, son fils aîné, la jouissance, par substitution, de la terre et seigneurie de Saint-Lambert, réserves faites des droits de la veuve

douairière. Cette « terre et seigneurie de Saint-Lambert, près d'Attigny », fut mise en vente le 4 août 1777, à Paris, moyennant 245.000 livres, par la comtesse douairière de Maulde, Félicité de Conflans. Quant au titre, ni Daniel de Joyeuse, ni Jean Anne-Gédéon, qui suivit, décédé le 4 juillet 1731, ne le relevèrent. Et lorsque le 10 mars 1754, Jean-Armand, marquis de Joyeuse, colonel du régiment de son nom, brigadier d'infanterie, contracta alliance avec Anne-Marie Pajot de Villiers, veuve de Pierre d'Elpech, marquis de Cailly, le contrat ne fait pas la moindre mention du nom ni du domaine. La seule excuse que Jean François de Saint-Lambert put avoir, en arrivant à Paris en 1750, de se laisser appeler marquis (« En France, dit Voltaire, dès 1734, est marquis qui veut! ») est justement que les Joyeuse avaient laissé tomber un titre bien connu au siècle précédent. Cette usurpation en imposa tout de suite : Alceste-Rousseau adressait ses lettres à *Monsieur le Marquis de Saint-Lambert*, tandis que Philinte Grimm nommait tout bonnement son ami *le Chevalier de Saint Lambert*. Néanmoins, en 1757, dans le cercle des familiers de Mme d'Epinay, Jean-François est, comme le marquis, — réel celui-là — de Croismare, désigné sous ce nom de Marquis. Bien des années plus tard, il fallut que le prince de Beauvau, le 4 mars 1785, détrompât encore sur ce point le célèbre avocat Target. A la même époque, Mme Campan nomme le Chevalier de Saint Lambert. Naturellement, aucune pièce officielle ne fait la moindre mention de ce marquisat de fantaisie, excepté une note du Dossier individuel aux Archives administratives de la Guerre (pièce 2), qui réalise, en une ligne, quatre erreurs : « Saint-Lambert, *Charles-Francois, marquis de. Né en 1717 à Vézelise* (Lorraine). » (Ad. Ardennes, E. 449. — An. MM 692. — Père ANSELME, *Histoire généalogique,* VIII, p 840 ; Affiches de Reims, 4 août 1777, cité par Alb. MEYRAC, *Géographie des Ardennes.* Charleville, 1900, in-8°, p. 655.)

(21) SAINT-LAMBERT, Epître II au prince de Beauvau (Haroué, mars 1754).

(22) B. f° 246.

Nous ne donnerons ici qu'un extrait de l'écriture de Charles ; l'orthographe des demoiselles de la campagne, comme celle des dames de la ville, ou de la cour, étant alors communément étrange.

« Facour, 7 mai 1741.

A Monsieur Devau le fils,

« Mon fils, monsieur me prie de vous escrire, ne pouvant le faire luy même, pour vous remercier et ses Mrs aussi de vostre attention. Il est dans un estat pitoiable depuis deux mois et demis, mais depuis anveirons quinse jours celat a s'augmente é au poin qu'il n'est plus conoisable, je ne lui crois pas quatre livres de chère sur le corps, je crins l'héthisie, s'il n'y est déjas, il as eut d'abord depuis plus de deux mois un rhume terrible et toujours de la fievre, ce n'estoit pas toussée, c'estoit quand celat le prenoit ; à présant depuis quinse jour ces maux sont encor augmentée, la esthomac qui ne soutien rhin, des tranchée continuel, poin de someil, vomis à tout moment des biles noir, etc., etc. (Collection MORRISSON, lettre 84, citée par G. MAUGRAS.)

(23) Am. Langres, paroisse Saint-Pierre (Inventaire), 1496.

(24) D. Acte d'échange, avril 1686.

(25) LEPAGE et CHARTON, *le Département des Vosges,* Nancy, 1847, 2 vol. in-8°, t. III, Martigny. — Dom CALMET, *Notice de la Lorraine,* t I. — Léon LOUIS, *le Département des Vosges,* Epinal, 1887, 6 vol. in 8°. — DUBOIS, *Martigny-les-Bains,* Bar-le-Duc, 1900, in-8°.

(26) On nomme *bois esselin* les planchettes en forme d'écailles servant de toiture et parfois de revêtement aux murs des maisons battues par le vent froid.

(27) D. Contrat du 3 germinal an XI. — D'abord partagée strictement, en 1720, entre trois des demoiselles de Saint-Lambert, puis possédée en toute propriété par Claire du Magny jusqu'à la mort de cette demoiselle (19 décembre 1761), la maison « vulgairement appelée la Saint-Lambert » fut adjugée, avec les jardins fruitier et potager, le 23 mars 1803, — six semaines, par hasard, après le décès du dernier des Saint-Lambert, « pour le prix de 3200 francs tournois ».

(28) Ordonnance, de Lunéville (novembre 1707), pour l'administration de la justice.

(29) Le For-l'Evêque dressait sa désagréable figure dans la rue Saint-Germain-l'Auxerrois. C'était l'ancienne prison de l'Evêché, comprenant salle, geôles et oubliettes ; les exécutions se faisaient non loin de là, place du Trahoir, dans la rue de l'Arbre Sec. Restaurée et transformée en 1654, cette prison fut réservée, à partir de 1674, aux mutins de médiocre importance, en particulier aux comédiens, aux folliculaires, aux fripons, etc. L'incarcération se faisait, selon les cas, sur ordre arbitraire d'un gentilhomme de la Chambre du Roi, du ministre ou du lieutenant général de police. C'est sur lettre de cachet que Jean-François de Saint-Lambert y fit détenir, dans le courant de l'été 1770, Jean Marie-Bernard Clément, qui, à des critiques du poème des *Saisons*, avait mêlé des allusions à la vie privée du poète. Mais le jugement était prompt, en raison des menus délits qui en faisaient l'objet. Cette prison fut supprimée le 30 août 1780.

(30) Dossier B. fᵒˢ 244-246-241-246-305.

(31) Catalogue de la vente de la collection LUCAS DE MONTIGNY, Paris, 1860, in-8º.

(32) Les pièces du dossier C portent, pour le nom de l'abbé de Châtillon, tantôt *de l'Esné*, tantôt *de l'Esnet*.

(33) Nous n'avons pas respecté l'orthographe de Mᵐᵉ de Pallières, non plus que celle de Jeanne de Saint-Lambert, l'une et l'autre insupportables comme la plupart des écritures féminines de cette époque.

(34) JOLIBOIS, *la Haute-Marne ancienne et moderne*, Chaumont, 1858-59, gr. in 8º. — DURIVAL, *Description de la Lorraine*, Nancy, 1779, in-8º : Article Morimond.

(35) Ad. Meurthe et Moselle. B. 12452 12453. — On nommait ustensile, ou en plaisantant sur le nom allemand usité dans la garde suisse, « kostgeld », une allocation versée aux officiers qui logeaient en ville, pour frais de ménage.

(36) FONTENELLE, *Œuvres*. Paris, 1825, in-8º, t. II. *Eloge de d'Argenson*, p. 68.

(37) FONTENELLE, *Id.*, p. 69.

(38) Bibliothèque historique de la Ville de Paris. Manuscrit 28799. Comptes du duc d'Orléans.

(39) Références, par ordre, des citations empruntées au dossier C à partir de la page 17. Fᵒˢ 273, 276, 289, 234, 280, 275, 315, 246, 251, 274, 276, 272, 277, 275, 304, 243, 247, 253, 255, 230, 232, 230, 240, 257, 291, 258, 235, 257, 291, 307, 294, 310, 241, 312, 311, 295, 306, 294, 293, 305, 318, 308, 316, 315, de 287 à 290, 304, 305, 278, 263, 281, 278, 283. Archives de la Marine. (RAVAISSON XI. 361); Billet cité, p. 25. — Frantz FUNCK-BRENTANO. Les Lettres de cachet (*Revue des Deux-Mondes*, 15 octobre 1892, p. 821).

(40) Bn. Pièces originales 2759, nº 615 970. Pièce 3.

(41) D. Acquêt du 30 avril 1762.

(42) De ces domaines, deux sont notables, l'un, Césarge, à cause du séjour que Jean Jacques Rousseau fit, de février 1769 à juin 1770, à Monquin (par Bourgoin-Isère), dans la propriété du personnage qui tirait son nom de ce lieu, M. de Césarge; l'autre, Ternay, par l'hospitalité que reçut de ses cousins, « vieux parents jansénistes », dit Collé, bien informé, le jeune capitaine J.-F. de Saint-Lambert, du 5 novembre au 3 décembre 1747, après l'affaire de Vintimille (20 octobre), tandis que se formait à Vienne, sur ordonnance du 10 septembre, le troisième bataillon du régiment des Gardes-Lorraines. C'est là qu'il écrivit, sous la forme d'une Epître à son colonel, une profession de foi épicurienne qui lui assura, tout d'un coup, la réputation de poète, et que l'on trouve bien souvent citée à cause de l'hommage, singulier, semble-t-il, en pareille matière, qu'il y rendit à l'éducation donnée par les Pères Jésuites :

> A vivre au sein du jansénisme,
> Cher Prince, je suis condamné,
> Et des Muses abandonné,
> Dans le vieux château de Ternay,
> Je répète mon catéchisme...

(*Poésies fugitives*, Epître II au prince de Beauvau, p. 298)

(43) Pièce notariée indiquée par le Comte DE LUDRES, *Histoire d'une famille de la Chevalerie lorraine*. Paris, 1894, 3 vol. in-8°. T. I, p. 397; citée in-extenso par l'Abbé OLIVIER, p. 137.

(44) Un singulier procès de famille donne quelque vue sur le caractère de François Chevalier. (Ad. Meurthe et-Moselle, G. 995). Le 14 septembre 1626, Bernard Malcuit avait fondé une chapelle du Rosaire à Affracourt, avec charge de l'entretien pour les descendants de ses trois enfants, Louis, Jean et Françoise, épouse Huin. Le fils de Jean, Charles-Bernard, étant mort, en 1708, la charge passa, en ligne féminine, à l'arrière-petite-fille de Louis Malcuit, Françoise Chevalier, épouse de Claude-Dagobert Millet. Mais, un beau jour, le 4 avril 1712, sans doute démuni d'argent liquide, Maître François Chevalier, alors procureur de S. A. R. au bailliage de Pont-à-Mousson, et frère de Françoise Millet, mit la main sur les mille francs déposés, pour la fondation, au greffe de Vézelise, « s'arrogeant ainsi le droit de patronage », par surcroît. Protestation du beau frère, plainte, action, arrêt du 8 juin 1718, condamnant le sieur Chevalier à restitution. Sur appel, cet arrêt fut confirmé le 9 janvier 1719, et le chapelain agréé par le collateur légitime, Claude Maire, officia dans la chapelle, en dépit de l'intrigant usurpateur. Celui ci recourut aux grands moyens. Et, le 16 mai 1728, le chapelain effaré dénonçait à son patron qu'on lui cherchait noise et chicane, qu'on lui détériorait sa chapelle, et autres sévices. Requête du conseiller Millet, parafée par son futur gendre le conseiller Protin. Argument foudroyant : « M. Chevalier n'ayant su conserver ses propres biens, comment pourrait-on lui confier le soin d'une fondation dont les fonds ne sont qu'en argent? » Nouvel arrêt. Mais, le 9 décembre 1730, morte la sœur, mort aussi le beau-frère dialecticien; l'incorrigible, « croyant sa nièce Marguerite ignorante », recommence ses entreprises, bouscule le chapelain, et fait, de force, célébrer la messe de la Purification par un Minime de Vézelise. C'en était trop. Toute la famille se souleva. Henriette-Marguerite Malcuit, veuve de l'Epée, recueillit le chapelain expulsé, et prit en mains l'affaire. Après elle,

le 14 octobre 1739, c'est Anne-Henriette Malcuit, femme d'Henri Adam de Fériet, qui soutint la bonne cause. Mais l'ordre ne régna en la chapelle d'Affracourt et au greffe de Vézelise qu'à l'extinction du brandon de discorde. En 1764, (Ad. Meurthe et Moselle, G. 994), le titulaire reconnu de la « chapelle du Saint Rosaire » fut le fils de Marguerite de Millet, mariée en secondes noces à Léopold Henri Protin de Vulmont, — et filleul de Charles de Saint Lambert, l'abbé Dominique de Vulmont.

(45) Dès le 29 septembre 1906, Mᵉ Frogier, notaire à Haroué, a bien voulu rechercher, sur notre demande, dans ses archives, le contrat de Charles et de Marie-Christine. La mention en figure, à la date du 21 février 1716, dans le répertoire des actes reçus par Mᵉ Félix, notaire à Haroué. L'acte lui-même ne se trouve pas dans les minutes, pourtant reliées, du soigneux tabellion. L'avis de Mᵉ Frogier, confirmé par lui le 28 septembre 1912, est que ce contrat fut dressé en brevet, c'est-à-dire que l'original, pièce unique, fut remis aux intéressés.

(46) Une déclaration du dossier D, produite le 16 avril 1750 par les demoiselles Claire du Magny et Jeanne d'Eteignières, énumère, comme leur appartenant, toutes les terres de Martigny. De l'héritage de ses sœurs Anne et Marie, Charles avait donc obtenu tout le bien d'Esley, dont il avait déjà un lot, dès le partage du 10 juin 1720.

(47) « Ma mère se porterait à merveille, — écrit J. F. de Saint Lambert à Mᵐᵉ d'Houdetot en juillet 1763, — si elle voulait bien être sobre. » (Collection Gaston Maugras).

(48) Les liasses de minutes conservées dans les Archives notariales de Nancy ont été inventoriées par Henri Lepage; elles n'étaient ni dépouillées, ni classées au moment de notre enquête, en avril 1911. Celles de Mᵉ César Mauljean, « demeurant près des Cordeliers », vont de 1711 à 1746. Celles de Mᵉ Jean Humbert, Grande Rue Ville Vieille, puis place de la Carrière, et celles de Mᵉ Philippe-Adrian André, rue de la Hache, — (ce sont les notaires cités dans l'Acquêt du 30 avril 1762), se trouvent probablement gardées chez les possesseurs actuels de ces anciennes études.

(49) Am. Nancy.

(50) La tradition du lieu de naissance de J. F. de Saint-Lambert remonte, semble-t-il, à Henri Lepage (Le Littérateur lorrain, Nancy, 1837, in-8º, p.49) : « Cette rue (de Guise, ci-devant Saint-Pierre), dit-il, est célèbre par la naissance de Saint-Lambert, le poète des Saisons ». Les Tables synchroniques de l'Histoire de Lorraine (par N [Nicolas], Saint-Nicolas du Port 1844, in-4º, 22ᵉ table), utilisent ce renseignement. Tous les doutes sont permis sur ce point, d'autant plus que Lepage place aussi dans cette rue le berceau du célèbre duc de Choiseul, qui naquit place de la Carrière.

(51) On pourrait suivre dans son développement la légende de la roture de J. F. de Saint-Lambert, dès son origine (Comte de Ludres, II, p. 262), dans Gaston Maugras (la Cour de Lunéville au XVIIIᵉ siècle, Paris, 1904, in-8º, p. 239); Louis Madelin (Croquis lorrains, Paris 1907, in-16, p. 212; Maurice de l'Escale (Le Versailles lorrain. Bulletin du « Vieux Papier », 1ᵉʳ mars 1911, p. 121). Cependant toute lumière avait été faite sur ce point, par le remarquable article de L. Lallement (Mémoires sur le lieu de naissance du poète Saint-Lambert, J. S. A. L., 1861, p. 67), complété dans le même Journal par la Note de Dieudonné Bourgon (1867), et par l'article de A. Benoit (1871, p. 179-181). En

réalité, de son état civil, le poète ignorait tout, date et lieu de naissance, noms de baptême aussi; mais il savait son nom de famille, et le portait fièrement. Lorsque, désireux de se retirer du service, à l'âge de quarante quatre ans sonnés, il eut, le 23 mai 1761, vendu son bâton d'exempt des Gardes du Corps du Roi de Pologne, il dut, pour se constituer un titre de rente, demander pour la première fois de sa vie un extrait baptistaire, et il sut ainsi qu'il était né à Nancy, et s'appelait Jean-François; puis il s'indigna de voir son nom dégradé. Par sentence du bailliage de Nancy du 28 mai, le conseiller rapporteur, le sieur François, dès le lendemain, fit sur le registre de Notre-Dame, déposé au greffe, « les corrections nécessaires », avec procès-verbal. Cela coûta même au requérant six livres de Lorraine pour les épices, le tiers, pour les conclusions, deux sous pour le papier, et six livres encore pour les épices du procès-verbal (Ad. Meurthe-et Moselle, Registre des sentences par écrit du bailliage de Nancy des années 1760, 61, 62). Ne connût-on pas cette pièce, il suffisait d'ouvrir le Registre suivant de la paroisse pour constater que, lorsqu'on dressa, quatorze mois plus tard, environ, l'acte de baptême de Franç·ise, le scribe de sacristie ne fit pas la même injure au nom des Saint-Lambert.

(52) DURIVAL (Journal, année 1723). Le 4 juin était mort, à Lunéville, âgé de dix-sept ans, le prince Léopold Clément, héritier présomptif de l'Empereur.

(53) Un bruit, accrédité par plusieurs biographies, et, par conséquent, répandu par beaucoup d'auteurs, fait de Vézelise la ville natale de Jean François de Saint-Lambert. Il y a du reste, à Vézelise, une rue anciennement dite Saint-Lambert, et une maison désignée encore sous ce nom, sise sur la place de l'Hôtel de Ville, n° 20; maison de fort belle apparence, à deux étages, à la porte sculptée, aux vastes pièces, et que prolonge par derrière un jardin en terrasse, dominant le Brénon. Cette maison appartenait à Dominique de Fériet, troisième fils de Jean-Louis Fériet, écuyer, seigneur en partie de Ceintrey, Pulligny, Voinémont, — neveu de Henry-Adam Fériet, l'ami de Charles de Saint-Lambert. Dominique, qui fut, par voie d'héritage, seigneur de Ceintrey et autres lieux susdits, devint conseiller au bailliage de Vézelise. Il mourut, doyen de ce bailliage, après 1789. Né le 13 septembre 1716, trois mois avant Jean François de Saint-Lambert, il dut, pendant son enfance, recevoir de fréquentes visites de son camarade d'Affracourt. De là, la tradition. — Jean-François tenait d'ailleurs, de ses parents, quelques terres dans les environs de Vézelise, à Hammeville, particulièrement, sur la route de Vézelise à Colombey les Belles. Dans le voyage qu'il fit pour liquider ses biens de Lorraine, au printemps de 1762, le Grand-Maître de la Garde-Robe de S. M. Polonaise, — c'était alors la seule charge qu'il exerçât, — écrit à la comtesse d'Houdetot, le 17 avril, que, « sans être un aigle en affaires », il s'y entend assez bien, car « elles ne sont pas très compliquées. Toutefois, » ajoute t-il, « tu peux te flatter que j'ai acquis dans le canton la réputation d'un imbécile, au moins du plus inepte des hommes ». C'est l'ordinaire destin du citadin dans les marchés campagnards. (Collection Gaston MAUGRAS.)

(54) Ad. Meurthe-et-Moselle B. 12.453, 12.454, 1.694, 1.718.

(55) Un des traits de mœurs du dix-huitième siècle les plus malaisés à comprendre, après la Révolution, c'est l'esprit international qui régnait dans le peuple des soldats et dans la classe des officiers. Mercenaire, le soldat passait souvent du côté où le sort inclinait; l'officier, noble, suivait sans vergogne ses traditions familiales et ses goûts personnels. En Lorraine surtout, pays sans

LA COUR

cesse tiraillé entre Allemagne et France, beaucoup de familles se firent un devoir de donner tout ensemble des gages au souverain héréditaire et à la nation conquérante. C'est ainsi que l'on voit, en ces cantons (Am. Crevéchamps, E. 2.971-G G 1), le 31 mars 1754, le capitaine aux Gardes de Lorraine Rouot, écuyer, assister aux obsèques de son oncle Guyot, lieutenant-colonel au service de l'Empire. Le 5 mars 1744, Léopold de Maimbourg, écuyer, capitaine d'infanterie pour le service de la Reine de Hongrie, s'était fait représenter comme parrain d'un neveu, fils de Jean-François de Saint-Privé, écuyer, capitaine des chasses du Roi de Pologne (Am. Charmes, G G 7, 21). En 1763, deux petits neveux de Bernard Malcuit sont, l'un, François, garde noble du Grand Duc de Toscane; l'autre, Georges Frédéric, garde du corps de Stanislas Leszczynski (Ad. Meurthe-et-Moselle B. 257), etc., etc. Mais rien n'est plus piquant que de voir, le 21 août 1746, en pleines hostilités, deux jours avant le passage des Apennins à la Bocchetta, le prince de Beauvau demander au ministre un congé, pour aller à Florence, « afin d'arranger des affaires pressantes, avec son père », le prince de Craon, qui gouvernait ce pays au nom du ci-devant duc de Lorraine, l'empereur François I⁽er⁾ : les troupes de ce dernier, onze jours auparavant, avaient été tenues en échec sur les bords du Tidone, par Charles-Juste de Beauvau lui-même. (VANÇON, *l'Infanterie lorraine sous Louis XV*. Paris, 1896, in 8⁰, p. 55. — Archives historiques de la Guerre, 3 310, pièces 6, 7, 109, etc). La guerre avait, en ces conditions, des adoucissements inconnus de nos jours.

(56) Journal du libraire NICOLAS, M. S. A. L. 1899 : 13 octobre 1733.

(57) MORY D'ELVANGES, Mémoire historique sur les changements de domination qu'a essuyés la Lorraine (*Procès-verbaux de l'Académie de Stanislas*, VI, f⁰ˢ 639-640). Le Comte d'HAUSSONVILLE (*Histoire de la réunion de la Lorraine à la France*. Paris, 1854-59, 4 vol. in 16, t. IV, p. 297) a particulièrement analysé l'état d'âme des petits gentilshommes ainsi froissés dans leur loyalisme profond, frustrés de leur légitime espérance.

(58) SAINT-LAMBERT, *les Saisons*. Discours préliminaire, p. 1 et passim.

(59) Am. Ormes et Ville, E. 3132, GG 2.

(60) NOEL, *Mémoires sur la Lorraine*. Nancy, 1840-41, 4 vol. in 8⁰, t. II, p. 102.

(61) Am. Tantonville E. Suppl. 3195, GG 1.

(62) LEPAGE, *Communes de la Meurthe*. Nancy, 1853, 2 vol. gr. in 8⁰, t. I, article : Haroué.

(63) Ad. Vosges G 1896.

(64) Am. Affracourt E Suppl. 2819 BB 4.

(65) Archives de la famille NOEL. — En août 1740, M. de Saint-Lambert était la terreur des amis de son fils. C'est ainsi que Nicolas-François-Xavier Liébault, alors lieutenant et professeur d'histoire aux Cadets, parle à son ami Devaux d'une « lettre effroyable que ce.pauvre petit (Jean-François) reçut hier de son père. Cet homme-là est en vérité fol à mettre aux Petites-Maisons... C'est un vieux seigneur aussi fol et aussi entêté de sa noblesse que j'en connaisse, etc. »

(66) Le paysage et la maison d'Affracourt ont été décrits par E. BADEL (*A travers la Lorraine*. Nancy, 1889, in 8⁰, p. 31, etc.). C'est à E. Badel que la demeure de Saint-Lambert doit d'être distinguée par une plaque de marbre, avec cette inscription : « Jean-François de Saint Lambert, poète descriptif, auteur des *Saisons*, membre de l'Académie Française, né à Nancy le 26 décembre 1716, mort à Paris le 9 février 1803, a passé sa jeunesse dans cette maison. » Jean-

François lui-même, dans le conte intitulé *Sarah Th**** (1765), s'est souvenu du séjour de son enfance. (Édition de 1823, p. 323).

(67) Le régiment des Gardes de Lorraine, recréé sur ordonnance du 6 avril 1740, se rassembla à Saint-Nicolas-du-Port dès le 1er mai 1740, date des nominations. Les hommes étaient habillés en janvier 1741 ; on les passa en revue, à la Malgrange, le 8 mars suivant ; et les compagnies furent définitivement constituées à quarante hommes par ordonnance du 15 mai. Atteint d'une pleurésie dès l'hiver, le jeune officier rejoignit juste à temps son corps pour partir, le 13 juillet, dans la nouvelle garnison, à Strasbourg, où il fit une rechute des plus graves. C'est à Affracourt, au printemps de 1742, qu'il jouit de cette convalescence qu'il a chantée dans son poème, et que probablement il écrivit sa célèbre *Épître à Chloé* en l'honneur de Marie-Françoise-Catherine de Beauvau, marquise de Boufflers. Il vit le feu pour la première fois, avec son régiment, en réserve, lors de la triste échauffourée de Dettingen (27 juin 1743). L'histoire du régiment, tracée dans ses grandes lignes par le général VANÇON, le sera prochainement en détail par le capitaine de COLLART dans son *Historique du 47e*.

(68) Après l'établissement de sa famille à Nancy, Jean-François de Saint-Lambert ne vit plus les lieux de son enfance que des fenêtres du château d'Haroué, au printemps et dans l'été de 1749, avec le prince de Beauvau et la marquise de Boufflers ; en mars 1754, pour assister aux obsèques du prince de Craon : deux de ses poésies fugitives célèbrent ces voyages sur des tons bien différents. Enfin sa visite est signalée, avec celle des Beauvau, en septembre 1773, lorsque Charles-Juste alla installer son frère Ferdinand-Jérôme, jusqu'alors dit le chevalier de Beauvau, désormais prince de Craon, dans les domaines qu'il lui avait substitués. — Nous avons donné une idée de l'existence du jeune poète à Affracourt dans une page d'un article publié, dans *le Pays Lorrain*, le 20 avril 1911.

(69) Am. Affracourt E. Suppl. 2828, CC 7 et FF 13. — Am. La Bresse FF 44-49 et GG 2. — D. Archives de Me FROGIER : Acte reçu par Me Hannequin, notaire à Craon (ci devant Haroué), le 15 mars 1784.

(70) Am. Affracourt E. Suppl. 2860, FF 15. — A la mort de Charles, Mme de Saint-Lambert, jugeant inutile de laisser dormir cet argent, obtint un contrat obligatoire de 450 livres tournois, pour douze ans, avec intérêt courant du 25 juin 1750 (10 avril 1751). « Depuis ce temps, la commune a toujours payé ses rentes à cinq pour cent. » Mais pour recouvrer les rentes susdites, la douairière employa des agents d'affaires qui se firent payer par « exécutions » fort onéreuses dont les villageois supportaient les frais. A la suite de l'exploit du 10 octobre 1756, les paysans qui, à dessein ou par nécessité, avaient refusé le payement, adressèrent au Chancelier de Lorraine une supplique (novembre 1756) tendant à obtenir permission de verser la somme totale. Rebutés, ils rechignèrent, fermant leur bourse. D'où nouvel exploit du 13 août 1759. L'interminable procès se prolongea après la mort de la créancière. On ne sait si l'avocat de Françoise, Me de Saint-Mihiel, à qui échut mission de liquider l'affaire, obtint gain de cause (Requêtes du 18 janvier 1773, du 9 février 1775).

(71) *Les Saisons*, l'Eté, v. 510.

(72) Sur toute cette question, voir, outre les documents des archives, les ouvrages du cardinal MATHIEU (*l'Ancien régime dans la province de Lorraine et de Barrois*, Paris, 1879, in-8°), et surtout de Pierre BOYÉ : (*les Travaux publics et le régime des corvées en Lorraine*, Paris, 1900, in-8°. — *La*

Milice en Lorraine au XVIIIe siècle, M. A. S., Nancy, 1904, p. 182, etc.)

(73) Am. Affracourt E. Suppl. 2858, F F 13. « M. de Saint-Lambert a loué une maison à Nancy. » — Am., Nancy, rôle de 1742 : « M. de Saint-Lambert. »

(74) Christian PFISTER, *Histoire de Nancy*, Paris, 1902-1909, 3 vol. gr. in-8°, t. II, p. 1028; t I, p. 80, etc., etc.

(75) Etat de la noblesse de Nancy, Nancy, 1772, in-8° (J. S. A. L., juillet, 1884, p. 9). Petite rue du Haut-Bourgeois. — « N° 85, Mlle de Saint-Lambert, M. de la Michaudière. » Le recenseur de 1772 suivit manifestement cet itinéraire-ci : Partant du côté pair de l'actuelle rue du Haut-Bourgeois, il notait, dans l'axe même de la présente rue des Loups, 81 (rue du Haut-Bourgeois, n° 16) : Hôtel des Salles; 82 *(id.*, n° 18) : Hôtel des Armoises; 83 et 84 (rue des Loups, n° 1 *bis*); 85 *(id.*, n° 1) : Hôtel de Curel, alors de la Michaudière, à présent des Loups. Puis il traversait tout droit la chaussée, marquait 86 *(id.*, n° 8) la maison en saillie que nous supposons avoir été la demeure des Saint-Lambert, longeait le mur des Sœurs de la Charité (rue de Guise, n° 25), passait cette rue, longeait la petite maison d'angle du Chapelain *(id.*, n° 24 — depuis ouverte sur la rue des Loups, n° 10, — il atteignait l'Hôtel de Reynan, inscrivait 87 *(id.*, n° 12), laissait la ruelle du Petit Bourgeois, comptait 88 au n° 14 actuel et, descendant le côté impair de la rue du Haut-Bourgeois, le recensait, ainsi que la Grande-Rue. Quand il revenait, par la rue des Morts (aujourd'hui des Etats), sur la place de l'Arsenal, au coin de l'église Notre-Dame, il notait 148 pour la maison contiguë au portail (rue des Loups, n° 2); 149 pour l'Hôtel de Gellenoncourt, puis d'Hoffelize, alors de Toustain *(id.*, n° 4), et 150 à la porte des Sœurs de la Charité *(id.*, n° 6). Si notre hypothèse n'est pas juste, il se peut que Charles se soit installé dans une des maisons construites vers 1760 entre l'Hôtel de Curel et l'Hôtel des Armoises (83 ou 84); ou, enfin, il faut admettre qu'il occupa un pavillon de l'Hôtel des Loups, ou bien que Marie Christine et sa fille, ou plus tard Françoise seule, y déménagèrent.

(76) Malgré les très nombreux ouvrages où se trouve étudiée ou contée cette chronique de la cour de Lunéville, on en attend encore l'histoire complète et véridique. Nous ne doutons point qu'un des chapitres du grand ouvrage promis par Pierre BOYÉ sur le règne du Roi Stanislas ne peigne au vif cette intéressante société, dont cet historien a esquissé le tableau dans une œuvre de jeunesse remarquable déjà *(La Cour de Lunéville en 1748 et 1749*. Nancy, 1891, 83 p. in-8°). Nous espérons nous mêmes, qui vivons dans la familiarité d'un grand nombre de ces personnages, élucider du moins le rôle que tint, en cette tragi-comédie, notre compatriote Jean François de Saint Lambert.

(77) Collection MORRISSON, Lettres de Mme du Châtelet à Saint-Lambert : 44 (25 avril 1748); 93 (18 avril 1749); 98 (21 avril 1749). — Archives de la famille NOEL. Lettres de Mme de Barbarat à Mme de Graffigny (21 septembre et 21 octobre 1749).

(78) Procès verbaux de la Société Royale des Sciences et Belles Lettres de Nancy. T. I. f°s 240 241. — *Mémoires de la dite Société*, t. I, p. 132.

(79) Ad. Meurthe-et-Moselle. H. 2389. — COURBE, *Promenades historiques dans les rues de Nancy*. Nancy, 1883, in-8°, p. 95.

(80) Archives Nationales. E. 3265 ¹. — Etat des pensions. Paris, 1790, in-4° : Pensions de la sixième classe. — Procès-verbaux des séances du Conseil des Cinq-Cents.

(81) C'est le temps de la fameuse tracasserie qui bouleversa toute la société

de Mᵐᵉ d'Epinaɩ, et qui amena la rupture de Rousseau avec tous ses amis. (Cf. A. Rey, *Jean Jacques Rousseau dans la vallée de Montmorency*. Paris, s. d. in 16.)

(82) La première édition du poème des *Saisons*, commencé en 1748, terminé en 1767, parut au commencement de l'année 1769, in 12, puis in-8° avec figures, puis encore in-12.

(83) Archives de la famille Noël, Lettres de Mᵐᵉ de Neuvron à Panpan Devaux, 18 août 1766 et 28 septembre 1759.

(84) Jean-François revint à Nancy au moins en août 1766 avec Mᵐᵉ d'Houdetot, et en septembre 1773 avec les princes de Beauvau et de Craon.

(85) Archives de la famille Noël, Lettre de Nicolas-François-Xavier Liébault à Panpan Devaux, 15 août 1740.

(86) H. Buffenoir, *la Comtesse d'Houdetot*. Paris, 1905, gr. in 8°, p. 262.

(87) Une dernière tradition, développée par E. Badel (*la Lorraine artiste*, avril 1891, p. 213), attribuerait au vieux philosophe un geste incompatible avec les idées qu'il professa toute sa vie. Il aurait légué à sa sœur son argenterie, à charge d'en consacrer la matière à la confection pieuse d'un ostensoir. Il est de fait que, en 1801, si Françoise était morte depuis plusieurs années déjà, Jean-François signifia, dans son testament, qu'il lui restait « quelque argenterie, mise en dépôt chez M. d'Houdetot », mais dont il ne spécifia pas l'emploi. D'autre part, nous l'avons dit, il pense, dans ce même testament, à régler un léger solde à l'homme d'affaires de sa défunte sœur. On peut croire, avec quelque vraisemblance, ou bien que Françoise destina, avant 1795, son argenterie personnelle, à cette œuvre pie, ce qui était conforme à ses sentiments ; ou encore que Jean-François obéissait à une volonté de sa mère, en réservant à cet emploi une argenterie dont, malgré la réelle détresse où le réduisirent parfois les rigueurs révolutionnaires, il ne songea pas un moment à se dessaisir. En ce cas, Mᵐᵉ d'Houdetot se serait fidèlement chargée d'exécuter cette intime intention, — de la même façon qu'elle assura, à des parents et à des amis du compagnon de sa vie, la distribution de quelques souvenirs non désignés dans le testament, des livres, par exemple, à Mᵐᵉ de Vernon, que Louis Lallement plus tard hérita, et qui à la mort de celui ci, furent dispersés au hasard des ventes. (J. S. A. L., 1861, article de Louis Lallement, *ad finem*.)

Quoi qu'il en fût, un opulent ostensoir fut admiré, dans la seconde moitié du dix neuvième siècle, dans les fêtes solennelles de la paroisse de Maxéville, près Nancy. On l'appelait « la Monstrance Saint-Lambert ». C'était un vieil ecclésiastique, dit-on, qui, au début du siècle, aurait reçu ce don précieux ; il le légua à l'abbé Vincent, sous condition de le transmettre à un prêtre de ses entours. Lors du décès de l'abbé Vincent, le neveu de celui ci, n'étant encore que clerc au séminaire, ne put recueillir le legs, qui passa à l'abbé Husson, curé de Maxéville. Quand mourut le curé, des dissensions éclatèrent sur le propos de la Monstrance, entre les héritiers et l'abbé Vincent, deuxième du nom. Objet de réparation peut-être, le don de l'Encyclopédiste allait-il sataniquement devenir sujet de scandale ? On composa : les compétiteurs laissèrent l'œuvre d'art à l'église de Maxéville, où, du vivant de l'abbé Grandheury, elle brilla comme un soleil. M. le Curé de Maxéville, qui a bien voulu nous confirmer ces détails le 20 novembre 1910, ne nous a pu dire où se trouve à présent cette pièce d'origine mystérieuse et d'étrange destinée.

Pièces justificatives et Notices

CONCERNANT LA GÉNÉALOGIE DE J. F. DE SAINT LAMBERT

———

La généalogie des Saint-Lambert ne figure dans aucun des Armoriaux ou Nobiliaires qui soient connus de nous, ni dans le *Livre de la Reserche et du Recueil des Nobles des duchés de Lorraine et de Bar*, par Didier RICHIER (1579 1581); ni dans le seul tome imprimé du *Nobiliaire ou Armorial général de la Lorraine et du Barrois*, de dom Ambroise PELLETIER (1758) (1); ni dans le *Complément* dû à LEPAGE et GERMAIN (1885), ni dans le *Nobiliaire de Lorraine et de Bar*, de COLLIN DE PARADIS (1878); ni dans les *Preuves de noblesse des Cadets-gentilshommes du roi Stanislas*, par de RIOCOURT (1881); ni dans la *Recherche de la noblesse de Champagne*, par de CAUMARTIN (1673); ni dans l'*Histoire généalogique et chronologique* du P. ANSELME (1726 1733), ni dans le *Dictionnaire de la noblesse*, de la CHESNAYE-DESBOIS (Réimpression de 1867); ni dans le *Nobiliaire universel de France*, par de COURCELLES et la CHABAUSSIÈRE (1814-1843); ni dans les compléments de ces ouvrages, ni dans l'*Armorial général*, de d'HOZIER (Réimpression de 1884).

Les recueils manuscrits, les imprimés annotés, ne nous ont rien appris encore, ou presque rien. Le Cabinet des titres de la Bibliothèque Nationale contient cinq pièces intéressant diverses familles du même nom (2759, n° 61 597); les dossiers des Cadets-gentilshommes, aux Archives Nationales (E. 3144-3149) portent comme l'Armorial de dom Pelletier, la mention d'un seul personnage; le dossier de J.-F. de Saint-Lambert, aux Archives administratives de la guerre, ne produit qu'un extrait baptistaire; la Bibliothèque Nationale, la Bibliothèque publique de Nancy, la Bibliothèque de la Société d'Archéologie lorraine, n'offrent, dans leurs copieuses collections de factums. aucun de ces tableaux généalogiques si utiles dans ce genre d'enquête. Nous n'avons pu consulter que les minutes d'un notaire, déposées aux Archives notariales de Nancy, et qui ne nous ont pas renseigné davantage. A peine, aux Archives départementales de Meurthe-et-Mcselle, trois ou quatre pièces

———

(1) Cette recherche fut faite par acquit de conscience, la noblesse des Saint Lambert étant réputée plus ancienne que celle des familles dont cet Armorial énumère les membres les plus distingués.

et cinq ou six mentions; dans celles des Vosges, moins encore. Le poète lui-même, enfin, fut un homme à tel point jaloux de silence sur sa vie privée qu'il se garda bien, dans ses ouvrages, de dire le moindre mot précis sur sa famille. D'ailleurs, les anxieuses questions que nous lisons, à différentes époques, dans l'*Intermédiaire des Chercheurs et des Curieux* (xvi, 1883, p. 389; xxiv, 1891, p. 392, etc.), sont demeurées sans réponse. Et notre enquête personnelle, en vue de retrouver la longue série des lettres de J.-F. de Saint-Lambert à Panpan Devaux, dont la trace est perdue depuis bientôt soixante-quinze ans, n'a pas eu plus de succès.

L'unique méthode en pareil cas praticable était la recherche, de degré en degré, des ancêtres de J.-F. de Saint-Lambert, d'après les mentions des Registres des paroisses, dont quelques unes avaient été déjà publiées, et d'après les découvertes que l'on fait toujours, avec le temps, dans cette sorte d'investigation. C'est dans cet ordre que nous croyons devoir publier nos pièces justificatives, nous bornant à présenter le texte complet, — même si ces documents sont déjà connus, ou plutôt connaissables, — des actes concernant les ascendants directs et proches parents du poète philosophe (1).

I

‑ JEAN FRANÇOIS DE SAINT-LAMBERT

1° (Am. Nancy. Registre des actes de baptême... de la paroisse Notre-Dame de Nancy de l'année 1712 à l'année 1718. 2e partie, fo 93, recto) (2).

Baptême. — Jean-François, fils légitime de Charle Lambert (*Correction :* du sieur Charle de Saint Lambert) chevalier, seigneur d'Orgemont, lieutenant de grenadiers au régiment des gardes de Son Altesse Roiale, et de dame Marie Christine Chevalié, ses père et mère, est né le vingt sixième jour du mois de décembre de l'année mil sept cent seize; il a esté baptisé le lendemain. Parain : le sieur Dominique François Du Cerf, écuier, capitaine aide-major au régiment des Gardes de Son Altesse Roiale, et dame Christine Ignace Huin, épouse de feu Becel, commissaire des guerres (maraine), lesquels ont mis ici bas leur sein. — Ducerf. C. Huyn-Becel. Le Vasseur, prestre de l'Oratoire.

(En marge :) Ce jourd'huy vingt-neuvième may 1761, en exécution d'une sentence du Bailliage de Nancy du jour d'hier, les mots *du sieur* et ceux *de Saint* ont été adjoûtez au présent acte par nous Joseph Antoine François, écuyer, doyen des conseillers au Bailliage du dit Nancy, en présence du greffier soussigné. En conséquence, ordonnons que pour les extraits du présent

---

(1) Nous avons, pour prendre rang, tout en annonçant, par des termes fort clairs, présente étude, indiqué brièvement la généalogie de J.-F. de Saint Lambert, avec dates et références, jusqu'à la quatrième génération, dans le *Pays lorrain* du 20 avril 1911 (p. 200, note 2).

(2) Cité par Louis Lallement (J. S. A. L., 1861). Un fac-simile se trouve dans l'*Essai de répertoire des Artistes lorrains*, Paris, 1904, in-8°, par Albert Jacquot (t. III, p. 29).

acte de bapteme qui en seront levez, les mots *du sieur* et *de Saint* seront inserez. — François. Noel (1).

2º (Ad. Meurthe et Moselle. Archives du Bailliage de Nancy (Greffe de la Cour). Registre des sentences par écrit du Bailliage de Nancy des années 1760-61-62 (2).

Du 28 mai 1761.

Vu la requête à nous présentée par le sieur Jean-François de Saint-Lambert, chevalier, seigneur d'Egremont, expositive qu'il est fils du sieur Charles de Saint-Lambert et de dame Marie-Christine Chevalier, ainsy qu'il en conste par l'extrait de baptême du vingt sept décembre mil sept cent seize et du contrat de mariage des dits père et mère du vingt un février même année, lequel extrait est de la paroisse Notre-Dame de cette ville, ou il a été baptisé; que dans la rédaction de la minutte de cet acte de baptême l'on a obmis d'y insérer qu'il étoit fils du sieur Charles de Saint Lambert, et que comme cette omission est de conséquence, il a conclu à ce qu'il nous plut ordonner que par devant tel commissaire il nous plaira nommer, le curé de la paroisse de Notre-Dame de cette ville sera tenu de représenter ou d'y envoyer le registre des baptemes de la paroisse de l'année mil sept cent seize, sur lequel et à l'endroit de la minute de l'extrait de baptême de l'exposant, le même sieur commissaire sera autorisé de faire la correction ou addition dont il s'agit en ces termes *(Jean François, fils légitime du sieur Charles de Saint-Lambert)*, en conséquence ordonner que le même curé lui expédiera les extraits dont il aura besoin conformément aux dites correction et addition. La dite requête signée Loubault procureur.

Vu le contrat de mariage des dits sieur et dame de Saint Lambert, ensemble l'extrait de bapteme de l'exposant; le soit communiqué au bas de la dite requête, conclusions en suite, et oui le sieur François en son rapport, et tout considéré,

Nous ordonnons qu'aux frais et à la diligence du sieur de Saint Lambert les registres des baptemes de la paroisse de Notre-Dame de cette ville de l'année mil sept cent seize seront déposés en notre greffe pour être la reconnoissance d'iceux faite par devant le sieur François, conseiller rapporteur, et iceluy authorisé de faire les corrections nécessaires dont procès-verbal sera dressé.

Jugé à Nancy en la Chambre du Conseil par Mrs. Mengin, lieutenant-général, Francois, conseiller rapporteur, et Doyen conseiller, ce jourd'hui vingt huit mai mil sept cent soixante-un. — Mengin, Francois, Doyen.

Et ce jour, vingt-neuf may 1761 est comparu au greffe l'huissier Claude, lequel en exécution de la sentence cy dessus a déposé un registre commençant le douze juin mil sept cent quinze, contenant cent quarante huit roles cottés et paraphés et finissant le six janvier mil sept cent dix huit qu'il a dit

---

(1) Une pièce du dossier des Archives administratives de la guerre (pièce 24) consiste en un extrait baptistaire au texte rectifié que le curé Renaudin, prêtre de l'Oratoire, atteste « absolument conforme à son original, dont il a été tiré mot à mot du registre de ladite paroisse, folio quatre-vingt treize recto ».

(2) Cité par Dieudonné BOURGON (J. S. A. L., 1867).

luy avoir esté remis par le sieur Renauldin prêtre curé de la paroisse Notre-Dame de cette ville et a signé. — Claude.

Nota. Que la décharge du registre cy-dessus est au bas du procès-verbal dudit jour, 29 mai 1761, à requête du sieur de Saint-Lambert.

(*En marge*). Epices, 6 livres de Lorraine. Conclusions, le tiers. Papier, 2 sous, payés par M. Loubault. — Procès-verbal. Epices, 6 livres de Lorraine.

3° (Archives de l'Etat Civil de la Seine. Registre des actes de décès de l'an XI de la République française, Iᵉʳ arrondissement municipal) (1).

Du vingt-unième jour du mois de pluviôse, l'an onze de la République française.

Acte de décès de Jean-François Saint Lambert, décédé le jour d'hier à huit heures et demie du matin, profession homme de lettres, âgé de quatre vingt six ans un mois passés, né à Nancy (Meurthe), demeurant à Paris, rue du Fᵍ Sᵗ-Honoré, 83, division des Champs-Elysées; célibataire. Sur la déclaration à moi faite par le citoyen Jacques Vaugon, demeurant à Paris, domicile susdit, profession homme de confiance, qui dit être attaché au service du défunt, et par le citoyen Pierre Guillot, demeurant à Paris, rue d'Argenteuil, 198, profession rentier, qui a dit être ami du défunt, et ont signé. — Vaugon, Guillot, d'Hubault.

Constaté par moi, Antoine-Charles Rojé, adjoint maire du premier arrondissement de Paris, faisant les fonctions d'officier de l'Etat-Civil, soussigné. — Rojé.

4° (Bibliothèque de l'Institut, H R 7, Supplément 2 aux *Mémoires* in 8°.

Vous êtes prié d'assister aux Convoi, Service et Enterrement de Monsieur Jean-François de Saint-Lambert, ancien Membre de l'Académie Française, Membre actuel de l'Institut, et l'un des 40 de la Classe de Littérature française, décédé en la maison de Mʳ Houdetot, rue du Faubourg Sᵗ Honoré, n° 83. Qui se feront Vendredi 22 pluviôse an 11, à dix heures du matin, en l'Eglise de Saint-Philippe-du-Roule.

De Profundis.

De la part de M. Barat, son Exécuteur testamentaire.

5° (Archives administratives de la Guerre). 1° Etats de services (délivrés le 22 novembre 1905) (2).

De Saint Lambert, Jean-François, fils de Charles et de Marie-Christine Chevalier, né le 26 décembre 1716, à Nancy, Lorraine.

Volontaire au régiment de cavalerie d'Heudicourt,			*1739.*
Lieutenant de la Compagnie colonelle au Régiment des Gardes Lorraines,		1ᵉʳ mai	1740.
Capitaine,		1ᵉʳ mars	1744.
Exempt des Gardes du Corps du Roi de Pologne, duc de Lorraine et de Bar,		23 décembre	1754.
En fonctions,		*29 janvier*	*1755.*
Rang de capitaine de cavalerie,		29 juillet	1755.

---

(1) **Registre** détruit dans l'incendie de 1871. Pièce citée par Louis Lallement (J. S. A. L., 1861).

(2) Nous nous permettons, d'après les pièces du Travail du Roi, du Dossier des Gardes du corps et de la correspondance des Archives historiques de la guerre, de compléter (en caractères italiques) le relevé des Archives administratives.

Aide-major général de l'Infanterie à Minorque (*Richelieu*),   *18 avril*   1756.
Aide-major général de l'Infanterie à l'armée du Rhin
   (*d'Estrées*),   *25 mars*   1757.
Employé à l'armée d'Alsace (*Richelieu*),   *15 juin*   1757.
Rang de mestre de camp de cavalerie,   *15 décembre* 1758.
Aide-maréchal général des logis au corps expédition-
   naire assemblé en Bretagne (d'Aiguillon),   *1er août*   1759.
Démission de la charge d'Exempt des Gardes du Corps, *23 mai*   1761.
Gouverneur de Joinville,   *18 mars*   1776.
    Campagnes : *1743, Mein*; 1744, 45, 46, 47, Alpes et Italie; 1756, Minorque.
1757 Westphalie-Hanovre Oostfrise.

    Blessures. Blessé légèrement à la bataille de Coni le 30 septembre 1744.
    Décorations. Chevalier de Saint-Louis le 23 juillet 1756.

        2° Pensions. Ancien Régime.
1754 Pension de cinq cents livres, accordée par le Roi de Pologne, ratifiée, et
    reportée sur le Trésor Royal, le 13 mars 1766.
1759 (24 février) Pension de six cents livres sur le Trésor Royal.
1769 (31 décembre) Gratification annuelle de quinze cents livres.
    Toutes grâces confirmées par lettres patentes du 8 novembre 1778, et
    déclaration du 7 janvier 1779, — « en considération de ses services ».
1786 (21 août) Pension de 1053 livres 12 sols, accordée par le Roi, « en considé-
    ration de ses travaux littéraires », pour former, avec l'ensemble des trois
    pensions, une pension totale de 3600 livres, reportée au département des
    finances.
    République.
1795 (3 janvier — 14 nivôse an III) Secours de trois mille livres, renouvelé le
    8 septembre (18 fructidor).
1800 (15 juin — 26 prairial an VIII) Pension de deux mille quatre cents livres,
    accordée par le Ministère de l'Intérieur.

NOTICE BIBLIOGRAPHIQUE SUCCINCTE.

Poésies fugitives copiées en Lorraine, dès 1748, connues à Paris entre 1749
et 1753, publiées dans les Recueils dès cette époque, choisies et revues par
l'auteur en 1769, augmentées dans les éditions postérieures à 1796.
    Discours de réception à la Société Royale des Sciences et Belles-Lettres de
Nancy, 8 mai 1751 (M. A. S. 1754).
    Mémoires sur Bolingbroke, 1753 (publiés en 1797).
    Les Fêtes de l'Amour et de l'Hymen, comédie-ballet, 1754.
    Vers sur les bienfaits du roi de Pologne, 1755 (M. A. S. 1755).
    Articles anonymes de l'Encyclopédie, de 1756 à 1765 (publiés après révision
en 1797).
    Essai sur le luxe, 1764.
    De la Désertion, 1765.
    Sarah Th*, conte, 1765 (publié dans la *Gazette littéraire*).
    Lettre à M. le baron d'Holbach, sur l'Opéra (publiée dans les *Variétés lit-
téraires*, 1768).
    Lettre sur une tragédie anglaise (id).
    Les Saisons, poème en quatre chants. *L'Abénaki, Ziméo*, contes. *Fables*

orientales, 1769 (avec *Sarah Th** et les *Poésies fugitives*. Edition revue et augmentée, 1771. Edition définitive (7e), 1775. Edition avec privilège, 1785. Dernière Edition, 1838. Edition augmentée, 1796.

Discours de réception à l'Académie française (23 juin 1770), 1770.

Les Deux Amis, conte iroquois, 1770.

Essai sur la vie et les ouvrages d'Helvétius, 1772.

Réponse au discours de réception de M. de Guibert (13 février 1786), 1786.

Réponse à M. Vicq d'Azir (11 décembre 1788), 1788.

Réponse à M. de Boufflers (29 décembre 1788), 1788.

Œuvres philosophiques. Principes des mœurs ou *Catéchisme universel* avec *l'Analyse de l'Homme*, *l'Analyse de la Femme*, et *Ponthiamas* ou *de la Raison*, 1788 (publiés en 1798).

Commentaire du Catéchisme, avec *l'Analyse historique de la Société*, 1788 (publiés en 1801).

Mémoires sur le maréchal, prince de Beauvau, 1793 (publiés et supprimés en 1797).

II

CHARLES DE SAINT-LAMBERT

1º (Am. Esley. Registre de la Paroisse).

Charle, fils du Sr Charle de St Lambert, eschuyer et de damoiselle Magdeleine Habert de Monmort sa femme a esté baptisé le huitiesme février 1682, né le troisième du mesme mois, et a esté tenu en qualité de parain par le St Claude Petit, contrôleur de la terre de Darney et de maraine par Damoiselle Marguerite de Fisse de Senonge.

2º (Am. Nancy, Registre de la Paroisse Notre-Dame 1740-1748).

L'an mil sept cent quarante-sept, le vingt-neuf may est décédé sur cette paroisse messire Charles de Saint-Lambert, chevalier, ancien capitaine-lieutenant au régiment des gardes du duc Léopold premier, âgé de soixante et trois ans, époux de dame Madame Marie-Christine Chevalier, après avoir été confessé, avoir reçu le saint Viatique et le sacrement de l'extrême-onction. Son corps a été inhumé dans l'église de cette paroisse, à côté de la chapelle de Sainte Anne, près le grillage de la Chapelle Ronde. Témoins : Joseph Pasquier, Claude Mourel, qui ont signé avec moi. — C. Mourel. Pasquier. Busset de Saintain, prêtre de l'Oratoire, curé de Notre-Dame.

3º (Am. Affracourt. Registre de la Paroisse, 1716. Acte cité par BADEL. *Les gloires militaires d'Haroué*. Nancy, 1896, in-8º).

Le vingt uniesme jour de febvrier 1716, le Sieur Charle de Saint Lambert, Equier, lieutenant dans le Régiment des gardes de S. A. R., de la paroisse de Martigny, d'une part; et damoiselle Marie-Christine Chevallier, de cette paroisse d'Affracourt, d'autre part, ont esté fiancés et ont promis de se marier ensemble le plus tost que faire se pourra, les quelles promesses ont été receues et bénittes par le soubredit curé dudit Affracourt, en présence du sieur Antoine Alba prévost au marquisat d'Haroué et du Sr Saint-Félix, avocat audit Haroué.

4° (Am. Affracourt. Suppl. 2873. Registre de la Paroisse. GG. 2).

Après avoir cy devant publié un ban à la messe paroissiale d'Affracourt, entre le Sieur Charles de Saint-Lambert, Ecuyer, Seigneur d'Orgemont, lieutenant de grenadiers au R^t de Son Altesse Royale, fils de feu Charles-Philippe de Saint Lambert, écuyer, seigneur du Margny et d'Eteignières, écuyer de la grande Ecurie du Roi Très Chrétien, capitaine des gardes du prince Henri de Lorraine, et de Dame Madeleine Habert de Montmort, de la paroisse de St-Pierre-lès-Martigny.

Et Demoiselle Marie Christine Chevalier, fille de feu Antoine Chevalier, écuyer, prévôt d'Haroué, et de Dame Marie-Jeanne Alba, résidants à présent dans cette paroisse, d'autre part, sans qu'il y ait eu aucune opposition ny empêchement :

Je soussigné, curé de cette paroisse d'Affracourt, en conséquence de la dispense des deux autres bans accordée par M^r l'Official de Toul, ay reçu leur mutuel consentement de mariage, et leur ay donné la bénédiction nuptiale avec les cérémonies prescrites par la Sainte Eglise.

En présence de M. Antoine Alba, prévôt d'Haroué, et de St-Félix avocat au dit Haroué. Témoins ensemble les parents et parentes des dits conjoints qui ont signés. — Charle de Saint-Lambert, M. Chevalier, De Saint Lambert (Anne). D'Eteinières (Jeanne). Henriette Malcuit, Anne Henriette Malcuy, A. Alba, Saint-Félix, M. Sommier, prêtre, curé de Saint Firmin et de la dite paroisse.

MARIE-CHRISTINE CHEVALIER.

5° (Am. Haroué G G I. Registre paroissial F. 3053).

Le mesme jour (27 novembre 1678) fut baptisée Marie-Christine, fille du sieur Chevalier. Le sieur Charles-Jean (?) seigneur de Dandilly pour parrain, et damoiselle Christine-Ignace Huyn pour marraine.

6° (Am. Nancy. Registre de la paroisse Notre-Dame 1766. f° 33 verso).

L'an mil sept cent soixante six, le trois du mois d'avril, à onze heures trois quarts avant minuit est décédée munie des sacremens de l'église, pénitence, eucharistie, extrême onction avec les indulgences, dame Marie Christine Chevalier, que l'on a dit âgée de quatre-vingt sept à quatre-vingt huit ans, veuve douairière de Messire Charles de Saint-Lambert, lorsqu'il vivoit capitaine lieutenant au régiment des Gardes de Leurs A. R. les ducs Léopold et Francois. Elle est inhumée dans l'église paroissiale de Notre-Dame, vis à-vis le grillage de la Chappelle des filles de la Congrégation de la dite paroisse, où je soussigné prêtre de l'Oratoire de la Maison de Nancy, paroisse de Notre-Dame et curé l'ay conduit le cinq desdits mois et an à onze heures et demie du matin, après avoir célébré l'office des morts et la grande messe du jour au rit paschal pour le repos de son âme avec les cérémonies ordinaires de l'église, en présence de Messires Claude de Milet, chevalier, seigneur de Pulnoy, doyen de la Chambre des Comptes de Lorraine son nepveu, Léopold de Milet de Chevert, petit nepveu, Léopold Henri Protin, chevalier, seigneur de Vulmont et conseiller à la Cour souveraine de Lorraine et barois, de messire maistre Dominique Protin de Vulmont, docteur de Sorbonne, vicaire général du diocèse, aussi ses petits nepveux soussignés. De Millet, de Millet de Chevert, Protin Vulmont, Vulmont, vic. gén., C. Renaudin, prêtre de l'Oratoire, curé de Notre-Dame.

Jean-François de Saint-Lambert. (Article précédent).
Françoise.

7° (Am. Nancy, Registre de la paroisse Notre-Dame, 1718 1722, f° 37 verso). Françoise, fille légitime du Sieur Charles de Saint-Lambert, Ecuyer, Lᵗ aux Gardes de S. A. R. et de Dame Marie-Christine Chevalier, son épouse, est née le 8ᵐᵉ jour du mois de février de l'année mil sept cent dix huit et a été baptisée le 9ᵐᵉ jour des susdits mois et an. Elle a eu pour parrain Messire Nicolas-François Parisot, Cⁱ d'Etat de S. A. R. et en sa Cour Souveraine, Lorraine et Barrois, et pour marraine dame Francoise Chevalier épouse de Monsieur Maître Dagobert Millet, Cʳ Mᵉ des Comptes de Lorraine, Sᵍʳ de Caseneuve, lesquels ont signé avec moi. Parisot, Chevalier-Millet, Des Roches, prêtre de l'Oratoire.

8° (Extrait des Registres de l'Etat-Civil de la Ville de Nancy, 2⁴ juillet 1910). Aujourd'huy vingt-cinq floréal an trois de la République française une et Indivisible, à onze heures et demie du matin, par devant Moi, françois Demange, Membre du Conseil général de la commune de Nancy, Département de la Meurthe, Elu le vingt huit frimaire dernier, pour recevoir les Actes destinés à constater les naissances mariages et décès des citoyens, sont comparus en la Maison commune Hypolite Laurent, âgé de cinquante-deux ans, Marchand, domicilié à Nancy, Grande rue Ville Vielle et Jean-Baptiste Dron, âgé de quarante un ans, Marchand de vin, rue de Lunion, tous deux voisins de francoise Sᵗ-Lambert, native de Nancy, âgée de soixante dix sept ans, lesquels m'ont déclaré que la ditte françoise Sᵗ-Lambert est morte en son domicile à Nancy rue du haut Bourgeois, huitième section, aujourd'huy à sept heures du matin. D'après cette déclaration je me suis sur le champ transporté au lieu de ce domicile et Me suis assuré du décès de la ditte françoise Sᵗ Lambert et j'en ai dressé le présent acte que les deux comparans ont signé avec moi après lecture faite. Fait à Nancy, en la maison commune les jour, mois et an avant dits. — J.-B. Dron, Hᵉ Laurent, Demange.
Charles Henry.

9° (Am. Affracourt E. Supplément 2874, Registre la paroisse. Acte cité par Th. de Puymaigre. *Revue de Metz*, 1845, t. I, p. 228). Charles-Henry de Saint-Lambert, fils de Messire Charles de Sᵗ-Lambert, chevalier, seigneur de Maignieu, capitaine-lieutenant au Rᵗ des Gardes de S. A. Roiale, et de Madame Marie-Christine Chevallier, son épouse, est né le vingt-troisième mars 1723, et a été baptisé le vingt quatrième du même mois de mars mesme année; il a eu pour parrain Messire Henri-Adam Fériet, capitaine pour le service du Roi Très Chrétien au Rᵗ de Rouergue, et pour marraine Mademoiselle Marie-Anne de Longin, tous deux résidans dans cette paroisse d'Affracourt, qui ont signé avec moi. — Fériet, Marie-Anne de Longin, Ch. Sommiet, prêtre.

10° (Am. Crantenoy, E. Supplᵗ 2952, G. G. 1. Registre paroissial. Le 5 juin 1723 est mort Charles Henri, écuyer, fils du sieur de Saint-Lambert, écuyer, lieutenant dans les gardes de Son Altesse Royale et de Christine Chevalier, âgé de 3 mois.

Notice sur la famille Chevalier.

Les descendants de Guillaume Chevalier, dit le Vieil, originaire de Fontenoy-le-Château où « de temps immémorial » ils tenaient la Tour dite des Lombards, avaient vu leur antique noblesse réhabilitée par lettres du 5 août 1574 octroyées à Christophe Chevalier, et confirmées le 21 mars 1583 aux fils du dit Christophe, savoir : Claude, Guillaume et Pierre. (Lepage et Germain. *Complément au Nobiliaire*, Nancy 1885, p. 281.) Les deux fils de Guillaume, prévôt de Dompaire, Dominique et Etienne, demeurèrent à Fontenoy ; mais, dès l'aurore du dix-septième siècle, les enfants d'Etienne s'étaient retirés à Nancy, à Mirecourt, et en d'autres endroits ; et si Jean, seigneur des Aulnouzes, exerça la prévôté dans la ville de ses ancêtres dont il arrondit le domaine (Ad. Vosges E 105), son frère, l'autre fils de Dominique, Joseph, vicomte d'Abbe ville (?), seigneur de Malpierre et autres lieux, avait comme ses cousins quitté le pays. (Abbé Olivier, p. 137. — Comte de Ludres, t. Ier, p. 397).

Officiers des Bassompierre dès le milieu du seizième siècle (Ad. Meurthe-et-Moselle, B. 1929), il n'est pas surprenant de retrouver, à la fin du dix septième siècle, un des Chevalier prévôt-juge du marquisat d'Haroué. Antoine Chevalier mourut le 18 octobre 1682 (Am. Haroué, E. Suppl. 3053. GG 1). Sa femme Anne Marie-Jeanne Alba était fille unique de Noble François Alba, avocat à la Cour, anobli le 28 novembre 1663, et de Marie Thérèse Malcuit ; cousine, par conséquent, d'Anne Marie Alba, femme de Charles Bernard Malcuit (8 février 1656 — 7 octobre 1708), avocat à la Cour, lui aussi, et lui aussi prévôt d'Haroué, à partir de 1698 ; et d'Antoine Alba, de même avocat à la Cour, et prévôt de même en Haroué de 1708 au 24 juillet 1719, date de sa mort en ce lieu. Du chef de sa grand-mère Alba, Jean-François de Saint-Lambert se trouvait donc allié, non seulement à cette famille de magistrats puissants (Am. Mirecourt, GG 25), dont le chef était, de son temps, Louis, seigneur de Raon, Conseiller du Roi, lieutenant général au bailliage des Vosges, chef de la police de Mirecourt ; mais encore aux innombrables descendants de Bernard Malcuit, mort, avant 1667, Conseiller d'Etat de Son Altesse, auditeur en la Chambre des Comptes, intendant général du feu maréchal de Bassompierre, époux de Marie Gennetaire, le restaurateur et le bienfaiteur de l'église et de la paroisse d'Affra court, et dont les trois enfants, Louis, Jean et Françoise, avaient fondé ou cimenté entre Mirecourt, Charmes et Nancy, aux bords du Madon, de la Moselle et de la Meurthe, tant de foyers prospères, les Maimbourg et les Alba, puis les Chevalier et les Saint Lambert ; les Dumoulin, les de l'Epée, les Fériet ; les Huin, puis les Becel ; — les Lorrains d'origine attachant à leur patrie des Lorrains d'alliance, et remplissant de leurs noms, de leurs titres, de leurs progénitures, les vieux registres paroissiaux. (*Inventaire des Archives départementales des Vosges*, — et surtout : E. Duvernoy, *Inventaire des Archives communales de Meurthe-et Moselle*. Série E., Suppl. T. III. Nancy 1912, in-4°.) Au dix-huitième siècle, toute la famille Malcuit, établie à Affracourt et à Haroué, se trouvait réduite à Charles François de Fériet, second fils d'Henri Adam et de Anne-Henriette Malcuit, né le 1er mars 1726, filleul de Charles de Saint-Lambert, qui en 1772 habitait la maison franche d'Affracourt, ancien capitaine du Corps Royal d'Artillerie, chevalier de Saint-Louis, et qui le 16 juin 1788 était le seul représentant de la noblesse du village. (Am. Affracourt, E. Suppl. 2819. BB 4,)

Antoine Chevalier et Anne Marie Jeanne Alba eurent pour enfants :

1° Françoise, baptisée le 16 septembre 1672 (Am. Haroué E. Suppl. 3053. GG 1), qui épousa en 1695, Claude Dagobert Millet, écuyer, seigneur de Caseneuve, Maidières, Montauville, Igney et Châtel, alors prévôt d'Haroué (1698-

1708), lequel mourut Conseiller d'Etat le 4 juin 1729 (1), suivi de près par sa femme, à Nancy.

De cette union naquirent :

a. Le 16 juin 1696, à Haroué : Marguerite-Francoise, mariée le 22 décembre 1729 à Affracourt, avec Charles-Christophe du Plessis, écuyer, seigneur de Creué, Noiseville et autres lieux, Conseiller à la Cour Souveraine et, en secondes noces, le 24 avril 1731, avec Léopold-Henri Protin, seigneur de Vulmont, alors Conseiller à la Cour Souveraine, et mort en juillet 1743 Président de la Chambre des Comptes; morte, à Nancy, le 26 octobre 1776. Une fille du second lit, Marguerite Françoise, devint le 26 janvier 1762 la femme de Pierre-Nicolas de la Lande, chevalier, seigneur de Vernon en Poitou, capitaine au régiment de Saint Chamond, chevalier de Saint-Louis. Les deux fils furent le conseiller Léopold-Henri, et l'abbé Dominique.

b. Le 27 mars 1701, à Pont-à-Mousson, Claude Abraham, seigneur de Pulnoy et de Maidières, qui épousa Anne Charlotte le Febvre de Saint-Germain, dame de Saulxures et de Pulnoy, et mourut, le 10 janvier 1775, Président de la Cour des Comptes. Ses deux fils Léopold et Claude-François furent déclarés gentilshommes le 22 décembre 1752, avec le droit à la particule, et le 8 avril 1765 l'adjonction du nom de la terre de Chevers érigée en fief. C'est Léopold qui assista à l'assemblée des trois ordres du 20 au 25 janvier 1789.

c. Le 8 avril 1702, à Pont-à Mousson, Marie-Françoise.

d. Le 14 mars 1704, à Pont-à-Mousson, Henry-Ignace, mort sans postérité, officier dans le régiment de Meuse.

2° Marie Charlotte, née vers 1677, qui épousa, à Neuviller, le 10 décembre 1697 (Am. Neuviller E. Suppl. 3124), François de-Paule de l'Epée, écuyer, seigneur de Germiny et de Viterne, prévôt de Charmes, mort en cette ville le 10 octobre 1715, puis, en secondes noces, à Nancy, le 9 août 1717, Nicolas François Parisot, décédé à Nancy, le 25 août 1746, Président à mortier à la Cour Souveraine, — et qui mourut le 30 août 1720.

Du premier mariage étaient nés :

a. En 1699, à Charmes, et baptisé le 5 mai, François.

b. Le 29 décembre 1715, au même lieu, Marie Colette, fille posthume.

3° François, écuyer, baptisé le 27 novembre 1678, à Haroué (Am. Haroué E. 3053 GG 1.), avocat, successivement (1698) prévôt et chef de la police d'Epinal, procureur-syndic de l'Hôtel de Ville de Pont à-Mousson, en 1709, puis jusque vers 1737, procureur de S. A. R. au bailliage du Pont à Mousson, protecteur de l'Université de la dite ville, mort par accident, à Affracourt, le 13 octobre 1752 (Ad. Meurthe-et Moselle B. 120 128. — Am. Pont-à-Mousson. Registres des paroisses Saint-Jean, Saint-Martin, Saint Laurent. — Am. Affracourt E. Suppl. 2873. GG 2).

4° Marie-Christine. Article II, nos 5 et 6.

---

(1) L'abbé Lionnois (t. I. p. 245) donne la description du tombeau et le texte de l'épitaphe des époux Millet dans l'ancienne église Saint Epvre de Nancy.

III

CHARLES PHILIPPE DE SAINT LAMBERT .

1º (Am. Fontenoy le Château G G 25, fº 32).

3 juin 1629. Baptizatus est Dom. Carolus Philippus filius Dⁿⁱ Caroli Africani de Saint-Lamber et dⁿᵐ Joannæ de la Mothe conjugis. Suppletæ sunt autem cerimoniæ ecclesiasticæ.

Inscripti Illustrissimus princeps Philippus de Croÿ dux d'Havré, et Domina Maria Clara de Croÿ principessa de Salm. Procuratores Dom. Franciscus Mathiex et Dⁿᵃ Beatrix Milcien (?).

2º (Am. Martigny-Dompierre. Registre paroissial E. 1. G G 2.)

L'an mil sept cent onze, le quatrième juillet est décédé en ceste paroisse le sieur Charle-Philippe de Sᵗ-Lambert, écuyer, lieutenant commandant La compagnie des gardes de feu monseigneur Henry de Lorraine comte D'Ar-court, un des Escuyers de la Grandes Escurie du Roy, agé d'environ quatre vingt quatre an, veuve de feu dame Madelainne Habert de Monmort dame d'Orgemont, en premières et dernières nopces, après avoir esté confessé et avoir reçu le Sᵗ-Viatique et l'extreme ontion; son Corp a été enterré avec Les cérémonies accoutumées dans une Chapelle de cette paroisse aujourd'hui servante de sacristie Le cinquième iour du dit mois et an avant dit, en presence du sieur Charle de Sᵗ Lambert, escuyer, lieutant aux gardes de son Altesse Royale et des demoiselles Anne et Marie de Sᵗ-Lambert qui ont signé avec moy. — Charle de Sᵗ-Lambert, Anne de Sᵗ Lambert, Marit de Sᵗ-Lambert. Ch. Fr. Lulyer, Curé de Sᵗ-Pierre.

Madeleine Habert de Montmort d'Orgemont.

3º (Am. Esley. Registre paroissial 1694.)

Ce jourd'huy vingt huit octobre mil six... nonante quatre Damoiselle Mag-deleine Habert de Monmort, espouse du Sʳ Charle de Sᵗ-Lambert, escuyer, décéda dans la communion des fidèles àgée d'environ cinquante ans, et fut inhumée dans l'Eglise paroissiale, asistée du dit son mary, de son fils qui ont signé et d'autres parens. — Charles de Sᵗ-Lambert, de Sᵗ-Lambert fils, Pierrot, curé d'Esley.

Notice sur la famille Habert de Montmort.

Madeleine Habert d'Orgemont était fille de « Noble homme Mᵉ Pierre Habert, Docteur Régent de la Faculté de médecine, conseiller et médecin ordinaire de Monsieur, frère du Roy (fils de Nicolas Habert, avocat au Pᵗ de Paris, enterré le 24 février 1623), demeurant à Paris, rue Sainte-Avoye, paroisse Saint-Nicolas des Champs, accordé le 13 janvier 1631 avec demoiselle Marguerite de Bobye, fille de Noble homme Louis de Bobye, ci devant conseiller du Roy et auditeur en sa Chambre des Comptes à Paris, et de demoiselle Vizée, sa femme, demeu-rant rue des Bernardins, paroisse Saint-Nicolas du Chardonnet, et mort en 1650 ». (B n., pièces originales 1461, fº 308. Contrat de mariage.) Elle était donc l'arrière-petite-fille, dans la branche cadette, de Philippe Habert, secrétaire du Roi (1491 1545); elle avait pour oncle René Habert de Montmort, écuyer, sieur d'Orgemont (mineur en 1627), capitaine au régiment de Boisse infanterie, qui épousa Jeanne de la Mothe, veuve d'African de Saint-Lambert, vécut à Vic, évêché de Metz, ou à Paris (fos 222 224) et mourut entre 1667 et 1672, sans postérité; pour tante, Angélique Habert, épouse de Jean Turpin, conseiller du Roi en son Conseil. Son frère aîné, Nicolas Habert d'Orgemont (baptisé le 22 novembre 1631, mort après 1698), épousa 1° Anne Delbosc de Cassan, qui lui donna quatre enfants; 2° Marguerite de Broutier, qui lui en donna cinq, dont Jean-Baptiste Habert de Vignancourt d'Orgemont, père de J.-B.-Angélique Habert d'Orgemont. Celui-ci, colonel d'infanterie et chevalier de Saint-Louis, contemporain de Jean-François de Saint-Lambert, après une carrière militaire semblable, se trouvait pendant la Révolution, à Montmorency, le voisin du « Sage d'Eaubonne ». Les deux derniers enfants de Pierre Habert, Charles (1646-1669) et Elisabeth-Marie (veuve en 1669 d'Adrien-Louis Jolly, l'un des Gardes du Corps de la Reine), semblent n'avoir pas laissé de postérité.

Les cousins de Madeleine d'Orgemont, appartenant à la branche aînée des Habert de Montmort du Mesnil, fondée par Louis Habert, frère de Nicolas, étaient de son temps les quatre enfants de Jean Habert du Mesnil, Conseiller du Roi en son conseil, et neveux et nièces de Pierre Habert de Cerisy, fourrier ordinaire des logis de Monsieur; de Philippe Habert, capitaine d'artillerie, mort en 1637, et de Germain, abbé de Notre-Dame des Roches et de Cerisy, ces deux derniers amis de Valentin Conrart, et comme tels membres de l'Académie Française dès la fondation. C'étaient : 1° Henri-Louis Habert, seigneur de Montmort, du Mesnil et autres lieux, Conseiller du Roi en ses Conseils, Maître des requêtes ordinaire de son Hôtel, mort le 21 janvier 1679, doyen de l'Académie Française; Anne, qui épousa François-Hannibal d'Estrées, marquis de Cœuvres et maréchal de France; Marie, qui s'unit au maréchal marquis de Rochefort, Henry-Louis d'Aloigny, lequel mourut à Nancy, gouverneur de cette ville, le 23 mai 1676; Catherine, qui devint la femme du marquis de Lauzières de Thémines, fils du maréchal. (B n., Pièces originales, 1460 1461, passim.)

Une branche de la famille Habert était établie à Nancy, celle des seigneurs de la Hutterie, dont le chef, en plein dix-septième siècle, était Jean Habert, Conseiller auditeur des Comptes de Lorraine, qui prit pour femme, le 22 avril 1625, Barbe de Germont.

Enfin une fille de Henri Louis Habert du Mesnil et de Henrye de Buade, sœur de personnages notables en leur temps, Claude Madeleine, épousa en juillet 1677 Messire Bernard de Rieux, seigneur de Targis, Conseiller secrétaire et Premier Maître d'Hôtel ordinaire du R. T. C., et veuve en 1702, eut à régler à Nancy plusieurs affaires d'argent. (Ad. Meurthe-et-Moselle, B. 218, fos 60-61.) Cette homonyme mourut à Paris le 19 avril 1713.

RENÉ DE SAINT-LAMBERT.

4° (Am. Esley, registre de la paroisse, 1667.)

Le vingtiesme juin mil six cent soixante et sept a esté baptisé par moy, Jean Pierrot, prestre, curé d'Esley, René, fils du sieur Charles de St-Lambert escuyer demeurant à Esley et de dame Magdelaine Habert de Montmort, sa

VUE PRISE DU JARDIN POTAGER

femme, lequel susdit René est né le quatorzième du susdit moix et a eu pour parrain le sieur René Habert d'Orgemon et pour maraine Damoiselle Anne Berget.

Note. — Du mariage de René et de Jeanne-Thérèse Magnien (Am. Langres, Inventaire 1496) célébré à Langres le 9 octobre 1686, sont issus :

a. Le 3 novembre 1688, à Martigny-Dompierre (Am. Martigny-les-Bains, E. 1, G G 2, f° 1, acte cité, ainsi que le suivant, par Lepage, le Département des Vosges, article Martigny), Anne, morte à Langres, le 17 juillet 1735 (Am. Langres, Registre de la paroisse Saint-Pierre et Saint-Paul), et inhumée dans l'église des Jacobins.

b. Le 17 janvier 1690, à Martigny-Dompierre (Am., f° 5), Madeleine, qui épousa, antérieurement à 1706 (Lettre de Mme de Pallières, 25 septembre), le sieur Dumay ou Du Mail (Am. Langres, Registre cité), et qui, morte en état de veuvage le 5 novembre 1752, fut inhumée en l'église des Trépassés.

c. Madeleine II, qui, en 1762 (D. Acte de vente du 30 avril) est mentionnée : « Dame Magdeleine de Saint-Lambert Dorgemont, épouse de Messire Joseph Louis-Marie du Bourg, seigneur de Cézarges, Terney, Chalessin, Bussière, et autres places (1), avait épousé, en premières noces, Léonard Michel, sgr. de Cintrat, dont elle eut une fille mariée, le 28 janvier 1749, à Ternay, avec Philibert de Revoyat, sgr. de Châlons. C'est entre 1738 et 1749 qu'eut lieu le mariage de Madeleine et de Louis du Bourg, né en 1700, mort à Crémieu, le 19 avril 1770. (Am. Ternay. Registre de la paroisse.)

d. Marguerite, demoiselle encore en 1762, et résidant à Langres. (D. Id.)

---

(1) L'unique renseignement qui nous soit donné sur cette branche de l'illustre famille du Bourg, est la mention des armoiries dans le Répertoire héraldique du Nobiliaire universel (t. V) : Du Bourg-Cézarge en Dauphiné : D'azur à trois coquilles d'or au chef d'argent. Il y avait en Lorraine une famille du Bourg issue de Pierre Jean du Bourg, lequel, originaire d'Alais en Languedoc, s'attacha à la fortune du jeune roi René d'Anjou (1409), vint avec lui en Lorraine (1419) et s'établit en ce pays. Jacob du Bourg, Conseiller du roi René, fit souche en Lorraine, tandis que ses deux frères Henri et Jean étaient anoblis en 1516 (ce dernier, seigneur de Damelevières en partie, gouverneur des salines de Rosières entre 1529 et 1546), et mouraient sans postérité. Après lui, Adam, seigneur d'Uzemain, receveur de Bruyères, fut anobli en Lorraine par le duc Antoine le 28 février 1512 ; Guillaume, fils d'Adam, passa en Franche-Comté, prit femme dans la maison de Miroudot. D'autre part, un neveu de Jacob, Balthazar, fut anobli le 4 novembre 1545 ; l'un de ses fils, Valentin, fit, le 6 avril 1576, ses reprises pour tout ce qu'il possédait dans le Bassigny ; l'un de ses descendants, Balthazar (mentionné entre 1623 et 1661), fut successivement tabellion à Gérardmer, et, après la mort de son petit cousin, François, receveur de Bruyères. Les fréquents séjours de cette famille dans le Bassigny amenèrent des relations avec les Magnien de Langres. Le 5 mai 1609, Noble homme Jean du Bourg, gouverneur des salines de Rosières, était parrain, à Lunéville, d'une fille de Pierre Magnien et de Anne Maimbourg. (Denis, Inventaire des registres de l'Etat Civil de Lunéville, Nancy, 1899, in 4°.) De là, l'explication du mariage de la fille de René de Saint Lambert et d'un du Bourg de Dauphiné, dont les opinions religieuses et les prénoms bibliques sont bien dans le caractère de la famille du célèbre Anne du Bourg, et des ancêtres les Jean, Jacob, Gaspar, Michel et Balthazar. Quant aux places dont Joseph Louis Marie était le seigneur, ce n'étaient plus, au dix huitième siècle, que bicoques, sans doute, mais d'antique renommée. (Père Anselme, t. VI, p. 460. — Dom Pelletier, p. 72. — Moreri, t. II, p. 166. — Nobiliaire Universel, t. II, p. 290. — Ad. Meurthe et Moselle, séries B, G, H, passim.)

7

ANNE DE SAINT-LAMBERT.

Née vers 1664, à Angers, ou à Paris, morte le 29 mai 1744, à Martigny-Dompierre. (Am. Martigny les-Bains, E. 1, G G 3.)

JEANNE D'ETEIGNIÈRES.

Née le 10 avril 1672, à Esley (Am. Esley), morte le 7 octobre 1750, à Martigny. (Am. Martigny, id.).

MARGUERITE DE SAINT-LAMBERT.

Née le 12 avril 1675, à Langres (Am. Langres, paroisse Saint-Pierre, 1485), morte à Esley, le 15 juin 1695. (Am. Esley)

MARIE D'ORGEMONT.

Baptisée à Esley, le 30 avril 1677 (Am. Esley), morte à Martigny, le 9 janvier 1739. (Am. Martigny, id.).

CLAIRE DU MAGNY.

Née vers 1679, à Esley, ou à Langres, décédée le 19 décembre 1761, à Martigny (Am. Martigny, E. 1, G G 4.)

CHARLES DE SAINT LAMBERT, Article II.

CLAUDE DE SAINT-LAMBERT.

Né le 25 janvier 1689, à Esley (Am. Esley), mort le 27 de ce mois. (Id.).

IV

AFRICAN-CHARLES DE SAINT-LAMBERT

1º (Am. Nancy. Registre des naissances et mariages de la paroisse Saint Epvre, fº 58 recto).

Le XXII febvrier 1628 Espousailles. African-Charles de Sᵗ-Lambert, capitaine de Fontenois, et demoiselle Jeanne de la Mothe (1), fille du sieur N. de la Mothe-Billouët, paroissienne de Saint Evre. Présents les sieurs (Adrien) de la Mothe, son frère et (?)...

CHARLES PHILIPPE DE SAINT-LAMBERT. Article III.

ANNE MARIE.

2º (Am. Fontenoy-le-Château, G G. 2. 5.)

Le 15 avril 1631. — Anna Maria, filia dni Africani de Sᵗ-Lambert, Capitani de Fontenoy et dæ Joannæ de la Mothe conjugis bapt. fuit privatim 15 april. Cerimoniæ suppletæ 22 novem. 1632. — Dno Adriano de la Mothe, et dna Maria de Saint-Liégey suscriptoribus.

NOTE : Anne Marie épousa, par contrat passé le 7 octobre 1659, Christophe-Louis Xaubourel, seigneur de Domnon, Pouilly et autres lieux, rejeton d'une

---

(1) Veuve avant octobre 1659 (Dom PELLETIER, p. 837) d'African-Charles, Jeanne de la Mothe se remaria avec René Habert, écuyer, sieur d'Orgemont, capitaine au régiment de Boisse infanterie (Bn. Pièces originales 1460, fº 222 224) qu'elle avait connu pendant son séjour sur les terres des Croy dans la baronnie de Fénétrange. Celui-ci fut parrain de son neveu René de Saint Lambert (20 juin 1667), et quand Jeanne de la Mothe fut marraine de Jeanne d'Eteignières (19 avril 1672), elle était veuve pour la seconde fois (Am. Esley, passim).

famille anoblie par le duc René en 1481, petit-fils, dans la ligne maternelle, de Christian, seigneur de Serocourt et d'Affroicourt, Conseiller d'État, Chambellan et commissaire général de Lorraine, gouverneur et bailli de Hombourg et de Saint-Avold (terres engagées en 1598 par le duc de Lorraine à Charles-Philippe, prince de Croy, marquis d'Havré, comte de Fontenoy, baron de Fénétrange (1549 1613), le grand-père de Marie-Claire (morte à Nancy en septembre 1664), marraine de Charles Philippe et protectrice de la famille). Devenue veuve, elle donnait, le 24 avril 1681, « aveu et dénombrement pour les terres et seigneuries qu'elle possédait à Domnon, Arlange, et autres lieux, bailliage de Morhange. » (Éd. SAUER, *Inventaire des aveux déposés aux Archives à Metz*, Metz, 1894, in-8°, f° 98.)

De cette union naquirent :

1° Marie, qui épousa, en 1679, Pierre de Marcheville, chevalier, seigneur de Chanteheux et autres lieux.

2° Jeanne, qui s'unit, par contrat du 13 février 1686, à Charles-Emmanuel d'Einville, seigneur de Gueblange, et, en secondes noces, par contrat passé à Arlange, le 29 octobre 1690, à Joseph Francois de Saint Félix, chevalier, seigneur de Villerval et d'Aiguesvives, gouverneur de Sarreguemines, descendant d'une ancienne et noble famille du pays toulousain, fils cadet de Germain-François, seigneur de Varennes, et de Marie-Charlotte de Bouzey. Jeanne Xaubourel et son second mari étaient morts avant septembre 1730. Leurs enfants étaient : Antoine-Julien, chevalier, seigneur de Marimont, Bassing et autres lieux; Charles, seigneur de Domnon, et Marie-Jeanne. Deux fils d'Antoine-Julien et un fils de Charles furent reçus aux Cadets-Gentilshommes du Roi de Pologne. (Dom PELLETIER, p. 837. — Ad. Meurthe-et-Moselle, B. 437. — Archives nationales, *Preuves des Cadets Gentilshommes*, E. 3147-3149.)

V

NICOLAS DE SAINT-LAMBERT

1° (D. Acte de vente du 18 avril 1596 (Copie du 9 mars 1673, délivrée par Claude Varenne, notaire royal et tabellion en la mairie royale de Serqueux).

À tous ceulx qui ces présentes lettres verront et orront Nicolas Guillaume, procureur substitut au Bailliage du Bassigny, garde des sceaux des sénéchaussés de la Motte et Bourmont, sçalut.

Sçachent tous que par devant Jean Thomas et Jean Bresson, nottaires et tabellions jurez establis à ce faire ès dictes sénéchaussez de par notre Souverain Seigneur le duc de Calabre, Lorraine, Bar, Gueldres, etc.

Fut présente en sa personne Barbe, vefve de feu Nicolas Brunclerz en son vivant demeurant à Robescourt a recognus de son bon gré sans force ni contraincte avoir vendu, ceddé, quitté et transporté des maintenant à Nicolas de Saint-Lambert, escuyer et cappitaine entretenus de Monseigneur le cardinal de Lorraine en son Esveché de Mez, dem¹ au dict Robescourt et à Damoizelle Claudine d'Aglure sa femme pour eulx et leurs hoirs et ayans causes La Chènevière à elle advenue...

Et a ésté faict le présent vendage pour le prix et somme de vingt deux frans monnoye Barrois de principal et ung florin pour les vins que la dicte venderesse a receu des ditz acquesteurs et dont elle s'est tenuë pour comptante et Bien payée, sy comme elle a dict par Devant les dictz jurés, promettant la dicte venderesse par sa foy pour ce donnée corporellement es mains des dictz jurés tenir, conduire et garandir ce présent vendage aus d^z Acquesteurs et à leurs hoirs envers et contre tous jusques à droictz. ., etc.

Faict et passé au dict Robescourt le dix huictiesme jour d'apvril mil cinq cens quatre vingt et seize et a déclaré la dicte Barbe venderesse ne scavoir signer

NOTICE SUR LA MAISON D'ANGLURE.

Ni d'Hozier (t. II, p. 767), ni le Père Anselme (t. VIII), ne mentionnent à l'article Anglure l'union d'une fille de cette maison avec un Saint Lambert. La seule contemporaine connue qui reponde au nom de Claudine d'Anglure est une homonyme, la fille d'Henry d'Anglure, seigneur de Melay, gouverneur de la Mothe et chef des finances du duc de Lorraine, et de Claudine de Mailly, mariée, par contrat du 29 octobre 1582, à Jean Damas, seigneur de Saint-Réran, de Neuilly et Villiers-la Faye, chevalier de l'Ordre de Saint Michel, gentilhomme ordinaire de la chambre du Roi, et gouverneur de Beaune. De ses beaux-frères, l'un, Nicolas, chanoine de Langres, fut désigné pour l'archevéché de Bordeaux en 1586; et les quatre enfants de Jean laissèrent finir, au dix-septième siècle, la descendance mâle. Etrange coïncidence : deux femmes du même nom, du même prénom, se trouvent, presque à la même époque, épouses de deux hommes qui portent presque les mêmes armes, mais qui sont loin d'avoir la même fortune (Père ANSELME, t. VIII, p. 340).

La maison d'Anglure, originaire de Troyes, était alors représentée dans le Bassigny par plusieurs personnages qui tour à tour criaient : Vive le Roi! Vive la Ligue! et même parfois « demeuraient oisifs dans leurs maisons », entre les reîtres du roi de Navarre, les compagnies des Ligueurs, les chevau-légers du duc de Lorraine, levant, comme le seigneur de Montaigne, aux bandes errantes et pillardes, le pont-levis de leur château. François d'Anglure, en son marquisat de Coublanc, fidèle à ses origines champenoises, tint assez fermement pour le Roi. De sa femme, Marguerite du Châtelet, il eut deux filles, dont l'une, baptisée à Langres le 31 mai 1592, reçut le prénom de Claude. Philippe d'Anglure, seigneur de Guyonvelle, mari de Jeanne de Fourcières, fut le père de Jean dont, le 15 mars 1583, demoiselle Claude d'Anglure fut marraine. L'homonyme étant en puissance de mari depuis la fin de l'année précédente, il se pourrait que celle-ci fût la future dame de Saint Lambert. (Am. Langres, paroisse Saint-Pierre, 1497. (G. HÉRELLE, la Réforme de la Ligue en Champagne. Paris, 1892, 2 volumes in 8°, t. II, passim.)

Notre Claude, ou Claudine, appartient peut-être à la branche des seigneurs de Bourlémont. Le descendant de Saladin d'Anglure, — qui établit sa famille en ce lieu, et la logea dans le formidable castel dont les six tours cylindriques dominent la Meuse, et puis mourut le 9 juin 1498, à l'époque où les Joyeuse prenaient possession du château de Saint Lambert, — était, quatre-vingts ans après, African, baron de Bourlémont, seigneur de Buzancy, titres significatifs marquant les postes extrêmes d'une de ces familles champenoises qui, du quinzième siècle au dix-septième, s'égrenèrent entre les Ardennes et le Bassigny. Tour à tour emporté, avec ses fils, dans les revirements bizarres de la politique, il finit, en 1591, de la belle mort militaire, sur le champ de bataille de Beaumont. Son fils aîné René, capitaine de Montigny-le Roi, l'avait de son mieux secondé dans la guerre; il devait mourir, en pleine paix, d'un coup d'arquebuse, le 21 septembre 1606. Son épouse, Marguerite de Baulme, qui décéda le 24 février 1604, avait séjourné au château familial. Claude d'Anglure, leur fils, qui mourut en 1653, remplit les registres paroissiaux de Frébécourt, dont relève Bourlémont, de la suite des fils et filles que lui donnèrent la féconde Angélique Adjacette, « de l'illustre maison de Châteauvilain » (morte le 22 août 1635), et les jeunes donzelles des villages voisins. Si Claudine, dame de Saint-Lambert, était sœur dudit Claude, elle fut quelque peu l'aînée des deux derniers enfants d'African, Gabriel, dit Saladin, né en 1587, et Charlotte, épouse, dès le 8 mai 1605, de Balthazar, seigneur de Fiquelmont et de Malatour. En l'absence de documents, on peut hasarder cette hypothèse, qui expliquerait le prénom d'African, donné à l'aîné des enfants de Nicolas par son aïeul le baron de Bourlémont. (Am. Frébécourt, G G 1-8, G. HÉRELLE, t. II, pp. 216, 259, etc.; Dom GANNERON, p. 501.)

AFRICAN-CHARLES DE SAINT-LAMBERT, article IV (1).
ADRIENNE.
(Am. Fontenoy-le-Château, G G 2-5.)
22 septembre 1623. — Claudia, filia Claudii de Longchamp et Johannæ Luzet conjugis baptizata est. Suscriptores fuerunt Franciscus Mathiez junior et Adriana de Saint Lambert.

Ici s'arrête, pour nous, la liste des aïeux immédiats de J.-F. de Saint Lambert. A quelle ancienne famille rattacher ces personnages? Car il était hors de doute, pour les contemporains les mieux informés, que la noblesse du poète remontait au-delà de quatre générations. Le nom est d'origine locale. Sur le territoire français, d'après les dictionnaires géographiques et celui des Postes, Télégraphes· et Téléphones, on ne compte pas moins de treize lieux connus sous ce vocable. Certains documents, cependant, permettent d'éliminer de l'enquête le grand nombre de ces villages ou hameaux, et de réduire à quatre, au plus, les localités dites « Saint Lambert » d'où soient issues des familles de ce nom.

I. Anjou.
Une lettre écrite de Paris le 3 février 1663 par le comte d'Harcourt, aux maire, échevins et conseillers d'Angers, fait allusion à feu M. le Président de SAINT-LAMBERT (A. d. Maine-et-Loire AA 3). C'est là le seul renseignement que nous ayons sur ce personnage. Etait il un oncle de Charles-Philippe ou un fils d'African-Charles, qui se serait établi, lui aussi, à Angers? Ou bien était il

---

(1) Nous signalons, sans pouvoir identifier le personnage, la mention (Am. Saulxures E 4409) en 1643, de CLÉMENT DE SAINT-LAMBERT, garde de Mgr Claude de Lenoncourt gouverneur de Nancy.

originaire d'un des trois lieux nommés Saint-Lambert en Anjou (1)? Nous ne saurions le dire.

II. Normandie.

Une pièce du fonds Thoisy (Bn. 425. f° 381) consiste en un « factum pour la dame de SAINT LAMBERT, intimée, contre les dames de la Barberie et de la Giboudière, appelantes » (in 4° s. l. n. d.). De l'explication de cette querelle de succession, soulevée dès 1666, non close encore le 30 avril 1701, on n'apprend sur la dite dame que deux points, c'est qu'elle était la fille de Jacques Gaucher, mort en 1658, et de demoiselle Madeleine Recoquillé, morte en 1643, et qu'elle dut naître à Boissy le Sec (Département d'Eure-et-Loir, arrondissement de Dreux). Son mari tenait sans doute son nom de la terre de Saint-Lambert (Département de l'Eure, arrondissement de Bernay, canton et commune de Beaumesnil).

III. Normandie.

1° PIERRE NICOLAS de SAINT-LAMBERT, lieutenant au Régiment Royal des Vaisseaux, quitta ce corps le 24 août 1765 « pour affaires de famille de la dernière importance ». Il était l'aîné « de quatre frères tous au service ». (A. h. de la Guerre, Travail du Roi, 25 mars 1766). Le 24 mars 1766, il faisait une demande pour être réintégré, demande appuyée par le marquis de Montesquiou. C'est lui qui, plus tard, devenu capitaine, écrivit à son compatriote l'érudit Louis-Oudard Feudrix de Bréquigny, membre de l'Académie des Inscriptions et Belles-Lettres, une lettre qui donne toute la lumière possible sur l'origine de cette famille.

(Bn. Mss. Collection Bréquigny, 161, f° 52).

« A Maubeuge en Hainaut, 20 mars 1773.

« Vous m'avez fait espérer dans le mois dernier, Monsieur, que vous auriez la complaisance de chercher des notes du temps du Roi Jean Sans Terre, au commencement du treizième siècle, sur le nom de Gaultier, province de Normandie, généralité d'Alençon et de Caen, et même de Rouen. Je vous aurai une entière obligation, si vous voulez bien me faire ce plaisir... J'ai l'honneur d'être, etc.

« Gaultier de Saint-Lambert. »

Le consciencieux Bréquigny nota, au verso de la lettre même, quelques notes, constatant un aveu de décembre 1512, et un hommage de décembre 1582, faits, en effet, par les Gaultier, mais fort postérieurement au temps du Roi Jean Sans Terre, du domaine de Saint Lambert, mouvant de la châtellenie d'Exmes. (Saint-Lambert sur Dive, Dt de l'Orne, Arrt d'Argentan, Con de Trun.)

2° Eustache-Nicolas-Charles GAULTIER de SAINT-LAMBERT, frère du précédent, né le 10 avril 1742, à Argentan, en Basse Normandie, entra le 31 mars 1759, en qualité de lieutenant en second de Grenadiers, au Régiment des Gardes de

---

(1) Saint Lambert des Levées (Maine et Loire), Arrondissement et canton de Saumur.
Saint Lambert du Lattay (Maine et Loire), Arrondissement d'Angers, canton de Thouarcé.
Saint Lambert la Potherie (Maine et Loire), Arrondissement et canton d'Angers.

Lorraine, un peu plus de quatre ans après l'abandonnement de J.-F. de Saint-Lambert. Il passait lieutenant de fusiliers le 13 mai 1759, servit, par conséquent, dans la tragi-comique défense du Havre, tandis que le poète des *Saisons*, en qualité d'aide-maréchal général des logis, dans l'état-major du prince de Beauvau, attendait à Vannes, et contemplait, le 20 novembre, la désastreuse aventure du maréchal de Conflans. Capitaine en second le 4 juillet 1777, il fut, après 1781, sur mémoire de septembre 1780, qu'appuya le marquis de Lambert, nommé, pour cause d'infirmités, capitaine dans un des régiments provinciaux de Normandie. (A. h. de la Guerre, Dossier Gardes de Lorraine et Travail du Roi du 29 octobre 1780).

3° Pierre Louis-Antoine de Saint-Lambert, ancien capitaine au Régiment de Médoc, acheta, le 23 novembre 1775 (jouissance du 1ᵉʳ octobre), avec sa femme Françoise-Louise Mouret, veuve de Pierre de Margeret, une maison formant pan coupé sur les rues des Orties, du Moulin et des Moineaux. (Atlas de la censive de l'Archevêché de Paris. Paris 1906. Feuille 13.) L'almanach de Paris pour 1777 le loge « rue Sainte-Anne, près les Nouvelles Catholiques (1) ».

C'est un des membres de cette famille Gauthier, dite de Saint-Lambert, qui est marqué, comme émigré, sur la feuille du 26 juin 1792, à Neauphle-sur-Dive, près de la terre même de Saint-Lambert. Par une coïncidence curieuse, J.-F. de Saint-Lambert se trouvait alors en Normandie, à Ingouville, près Le Havre (août 1792), et (novembre) à Rouen, pays fidèle à la monarchie, et où la famille d'Houdetot tenait à faire constater sa présence.

Aux Saint Lambert de Normandie se rattache aussi Pacôme de Saint-Lambert, né à Caen, qui, commis au bureau de la guerre, fut jugé, à l'âge de trente-neuf ans, par le Tribunal Révolutionnaire, le 14 ventôse an II (3 mars 1794), condamné et exécuté le même jour, à trois heures de relevée, sur la place de la Révolution, dans des circonstances atroces, « pour avoir été le conspirateur le plus acharné et le complice le plus prononcé de Capet ». En réalité, le malheureux s'était compromis avec autant de franchise que d'imprudence. A. N. W 333. Dossier 571. — Collⁿ Lucas de Montigny. Catalogue, Paris, 1860. — Journal de Ch.-H. Sanson, Paris, 1830, 15 ventôse an II (2).

IV. Champagne.

Saint-Lambert et le Mont-de-Jeux, par Attigny, canton d'Attigny, arrondissement de Vouziers (Ardennes). (Cf. Albert Meyrac. *Géographie des Ardennes*,

---

(1) Nous ne saurions deviner quels personnages sont, par erreur, désignés sous le nom de « Mᵐᵉ la marquise et le chevalier de Saint Lambert » dans l'almanach de 1784, rue Saint Louis, 77, et dans l'almanach de 1787, rue Mauconseil, 65.

(2) Nous ne savons à quelle famille appartenaient :

1° L'auteur des *Principes du clavecin*, par M. de Saint Lambert. Paris, 1702, in-8°, dont la préface est assez intéressante, et dont la méthode fut très louée par les *Mémoires de Trévoux* (juillet 1708, p. 1257).

2° L'écrivain d'une feuille où un conte bizarre est présenté comme une relation véridique : « Feuilleton du peuple. Un sou. » (Paris, 1841. Bn. Y²p. 980), signé G. de Saint-Lambert.

Charleville, 1900, in-8°, p. 655. — L'abbé Hulot, *Attigny et ses dépendances*, Reims, 1826, in-8°, p. 154.)

Treizième siècle.

Gille et Gillet de Saint-Lambert.

(Ad. Marne, G. 289) (Inventaire). Cartulaire de l'Archevêché de Reims.

« Août 1222. Sentence arbitrale de Louis, comte de Chiny, terminant un différend entre l'Archevêque et Gilon (Gille) de Saint-Lambert, au sujet des cours d'eau et moulins de l'Archevêque à Attigny, duquel cours d'eau la libre disposition est reconnue au dit Archevêque, sauf à ne point détériorer le moulin de Gilon (Gille) et de son frère ».

(A. Longnon, *Documents relatifs au comté de Champagne et de Brie* (1172-1361), 2 vol. in-4°, Paris, 1901.)

I. Les fiefs, 5217.

« (Postérieurement à 1234) : Dominus Gilo de Sancto Lamberto fecit homagium ligium des homes sainteux de Ayz (Avize) in castellania Sezannie (Sézanne). »

Id. 6237. Bailliage de Château-Thierry.

« Monsigneur Gile de Saint-Lambert en Rethelois, liges de ses hommes sainttieus d'Aviz; et à l'autre fié de Petit-Thoriz (Petit-Oiry) en la chastellenie d'Esparnay (Epernay) avec prez, terres et vignes illuec, et des choses que dame Marie tient illuec de lui. »

Id. 6124.

« Monsignor Rogier, liges d'Oiré-le Grand (Oiry-le-Grand), excepté le conté de la ville que se dit lui tenir du duch de Bretaigne, et de lui tiennent Monsigneur Gile de Sainct Lamberr ».., etc.

(A. Longnon, *Rôles des fiefs du Comté de Champagne sous le règne de Thibaut le Chansonnier* (1249-1252), Paris, 1877, in-8°.)

CCCIV. « Dominus Gilo de Sancto Lamberto tenet ex parte uxoris sue apud Oyri XX jornellos et XIII falcatas terre, et justiciam et tres quarterios vinee, VI libras, partem furni, avenas et charreium. »

MLXV. « Dominus Gilo de Sancto Lamberto tenet homines sanctuarios de Wyaviz. »

(L. Delisle, *Notice sur le Cartulaire du Comté de Rethel*, Paris, 1867, in-8°, p. 147, XI.

29 mars 1258. « En l'an de grâce mil CC chinquante et wiit le venredi devant pasques closes. » Accord réglé par : « Je, Jehans, sire de Joinville et seneschaus de Champaigne », entre « Gauchier conte de Rethest (Rethel) d'une part et Mons Manissier (Manassès), son frère de Rethest », au sujet du fief de Doncheri (Donchery).

« Quatre cents livres de plèges, fournies par... Mons. Gillon (Gille) de Saint-Lambert, de cent livres. »

(Gustave Saige et Léon Lacaille, *Trésor des Chartes du Comté de Rethel*, Monaco, 1902, 2 vol. in-4°.) I. p. 315, CXCI.

10 juillet 1259. Sentence arbitrale de Gaucher, comte de Rethel, et de l'abbé de Saint Thierry, pour régler le différend qui existait entre Manassès, frère du comte, et la dame de Vervins, sa sœur, au sujet de Baudet de Chalendry.

« Ad prolationem vero dicti arbitrii ac ordinacionis interfecerunt predicti comes et abbas... dominus Manasserus predictus, dominus Guido de Truneio (Trun), dominus Giletus (Gillet) de Sancto Lamberto, dominus Errard de Couceio (Coucy)... milites ».

Varin. *Archives administratives de Reims*, Paris, 1843, 6 vol. in-4°. I, p. 816. CCCVIII.

12 mars 1263. « Carta de plegiis datis a comite regitestensi pro redemptione feodi sui. »

« Je Manessiers (Manassès), quens de Retest (Rethel), fais assavoir à tous ceux qui ces lettres verront que je ai donné plèges, c'est à savoir Monseigneur Aubri de Baalons, M. Gilon (Gille) de Saint-Lambert... dou rachat que mesires l'abbès de Saint-Remi me demandoit ».

Quatorzième siècle.
Arnould de Saint Lambert.
(L. Delisle. *Notice...*, p. 408, CCLXIV.

Juin 1331. Le comte Louis (de Nevers) confie l'administration des biens de « Damoiselle Jehanne, damoiselle d'Assy, à Philippe d'Esnel, neveut à la dicte Damoiselle Jehanne, fil de sa suer... Ces choses furent faictes en la présence... Ernoul de Saint-Lambert, escuiers, nos hommes de fiefs ».

Alix de Saint-Lambert.
Id. p. 325, CXXXIV.

17 juin 1324 « Ves ci ce que je, Aalis de Saint-Lambert de Mairy recognois à tenir... Premiers les molins de Louvreni (Louvergny), exepté quatre muys de grain... et quatre livres de cyre, à penre cascun an sour les dis moulins, desquex quatre muys de grain et quatre livres de cyre madame de Nevers et de Rethest et li Jacobin de Louvreny en ont cascun an un muy de blé et un muy d'avainne et deux livres de cyre. Item Girars de la Comelle (Tonnelle) de Louvreny, escuiers, deux muys de grain ».

Gillet du Magny, gendre d'Alix de Saint-Lambert.
Id. p. 329, CXXXV.

18 juin 1324 « Ves ci ce que Gerardins (Gérard) de Louvreny, escuiers, tient : Premiers la maison de Louvreny, l'on dist de la Thonnelle... Et pour che que je avoie mon seel perdut, je ai emprunté le seel Estene (Etienne) de Louvreny, escuier, pour seeller cest present escript, c'est assavoir présens Warnesson de Louvreni et Gillet de Magny (du Magny), escuiers, hommes fievés à ma dicte dame, appellez à ce faire. »

Id. p. 379, CCXXVI.

En 1325 environ. « C'est ce que Gillet de Maigni (du Magny) escuiers tient... le tiers en la terre de Louvreny, de tant comme Damoiselle Aalis, mère à la femme doudit Gillet, y tenoit... C'est ce que Girars de la Tonnelle tient en fief et en hommage dou dessus dit Gillet... Item damoiselle Marie tient sa part es terrages de Louvreny de l'escheoite de son perre que elle tient en fief dou dessus dit Gerart son frerre, et li dis Gerars les tient dou dit Gillet. Item li dis Gerars tient dou dit Gillet la pescherie en la rivière franche. »

Les Du Magny.

Id., p. 275, CLXXIX.

15 novembre 1322. Aveu de « Jacoumars (Jacquemart) du Maigny » pour « la grant maison dou Maigny ». Il cite son oncle « Joffroy (Geoffroy) dou Maigny », ses frères « Joffroy et Johannot (Jeannot) », sa sœur Agnès, son cousin Jean de Councies (Coucy?) et le moulin de « Guniville » (Juniville).

JEANNE, MARGUERITE et CÉCILE de SAINT-LAMBERT.

(Bn. Estampes. Cᵒⁿ Gaignières Pe Im fol. 36.

3440. « Pierre tombale sur laquelle est gravée l'effigie d'une dame, dans un encadrement gothique. Tiré des Jacobins de Châlons-sur-Marne. JEANNE de MONTRON et de SAINT-LAMBERT, † 1303. »

Bn. Manuscrits. Pièces originales 2759 nº 61597, pièce 4.

« CÉCILE de SAINT-LAMBERT, jadis abbesse de Saint Pierre de Reims, morte... y gist dans le cœur *(sic)* des religieuses à côté dans une aisle. »

(B. publique de Châlons-sur Marne. Inventaire (Mss. nº 19 (21).

« Bréviaire avec calendrier dans lequel sont marqués les obits de plusieurs abbesses de l'abbaye Saint-Pierre de Reims, entre autres ceux de « MARGUERITE de SANCTO LAMBERTO », morte en 1343, et de CÉCILE de SAINT-LAMBERT, morte en 1340.

Treizième et quatorzième siècles.

JEHAN de SAINT-LAMBERT, et sa femme.

(VARIN. Op. cit. II. 1189. *Plaids en baillie et en prévôté*, fol. 135.

2 mars 1347. Dénonciation d'un guet apens. « Ponce, femme JEHAN de SAINT-LAMBERT », cousine de la victime.

Id. III. Plaids en baillie CMLIV, fol. 841.

1 décembre 1411. « JEHAN de SAINT LAMBERT, appariteur.

Nous avons tiré de ces textes vieillots, au cours de notre récit, ce qu'ils pouvaient donner d'intéressant. Néanmoins, après 1411, nous avons perdu de vue les Saint Lambert de Champagne. Les aînés, soldats, tandis que les cadets exerçaient quelque office de magistrature, suivirent-ils la fortune de la maison de Châtillon, à partir de Gaucher, seigneur de Fère en-Tardenois et de Saint-Lambert, vicomte de Blagny, mort en 1404, fils de Guy de Châtillon (mort le 2 octobre 1362), seigneur de Fère, Saint-Lambert, etc., gouverneur, dès 1335, du comté de Bourgogne, et de Marie de Lorraine, fille de Thibaud, duc et marquis de Lorraine (mort le 13 mai 1312), et époux de Jeanne de Coucy (1)?

---

(1) Cf. le Père Anselme, t. VI, p. 125, etc. — Une homonymie assez curieuse risque de prêter à confusion. Entre Crépy et la Fère (Département de l'Aisne, arrondissement de Laon) existait un lieu dit Saint Lambert, avec maison forte et couvent, appartenant dès le douzième siècle, à la maison de Coucy, qui s'allia, dans le courant du quatorzième siècle, à celle de Châtillon. L'histoire de ce second Saint-Lambert a été écrite par PIETTE (*Bulletin de la Société archéologique et scientifique de Soissons*, 1872-73, p. 110.)

Ce Gaucher de Châtillon (L. Delisle, Notice, p. 396, clxiv) déclara le 16 avril 1326, l'aveu de « la maison de Saint-Lambert, de la chastellenie d'Omont. »

La seconde fille de Gaucher, Jeanne de Châtillon, dame de Saint-Lambert, épousa Jean de Ghistelle, et, devenue veuve, transporta à Jean de Neuchâtel, Grand-Bouteiller de France (1413) sa seigneurie qui, après sa mort, revint par transaction du 30 octobre 1421, à Isabeau de Ghistelle, vicomtesse de Meaux. Les Châtillon, à cause de l'alliance lorraine, furent sans cesse en rapports amicaux ou litigieux avec les ducs de ce pays. Il est possible aussi que les Saint-Lambert, au quinzième et au seizième siècles, se soient attachés aux princes lorrains (car ils ne semblent pas avoir jamais été aux Joyeuse, à qui échut le château de Saint-Lambert, le 4 mars 1498) qui possédèrent en ces temps là le comté de Guise. C'est à la suite du cinquième fils de René II et de Philippe de Gueldre, Claude de Lorraine (1496-1550), celui qui fonda cette illustre race de vaillants capitaines et de politiques audacieux, les Guise, qu'il faudrait chercher les descendants d'Arnould, les ancêtres de Nicolas. Ceux-ci se seraient peu à peu dirigés vers l'est, vers le sud, pour enfin s'établir en Bassigny, dans les dernières années du seizième siècle, époque où nous trouvons à Robécourt, pour ne plus la perdre de vue, la famille de Nicolas de Saint Lambert, capitaine entretenu par le Cardinal de Lorraine (1).

---

(1) Une présomption valable en ce sens nous est inspirée par ce fait que, dès 1762, au moins, une fois retiré du service, J. F. de Saint Lambert visa à devenir, et devint, en 1776 seulement, gouverneur de Joinville, sinécure rétribuée par 2000 livres d'appointement (Bibliothèque historique de la Ville de Paris, Ms. 28799), à la nomination des ducs d'Orléans, depuis la mort de la Grande Mademoiselle (1693) qui avait hérité des ducs de Guise l'ancienne baronnie érigée en principauté dès 1551. Une des étapes de cette route de Champagne en Lorraine fut peut être Egremont, seigneurie dont se pare le gouverneur de Joinville. Plusieurs de nos questions n'ayant, de ce côté-là, reçu nulle réponse, nous espérons que les érudits locaux seront mieux à même de faire là dessus la lumière.

Index

I

NOMS DE LIEUX

Affracourt. — D^t Meurthe-et-Moselle. A^t Nancy. C^{on} Haroué, près du Madon. Sous l'ancien régime, village du Marquisat d'Haroué, bailliage de Vézelise (1751), généralité de Nancy, doyenné du Xaintois, diocèse de Toul.

Aigremont. — D^t Haute-Marne. A^t Langres. C^{on} Bourbonne les-Bains. Anciennement forteresse légendaire de Maugis, cousin des Quatre fils d'Ayme, et prise en 1651 par la milice de Langres.

Arches. — D^t Vosges. A^t C^{on} Epinal, sur la Moselle.

Arlange. — Lorraine annexée. Chapelle dépendant de Wisse (A^t Château-Salins. C^{on} Dieuze).

Àrt sur-Meurthe. — D^t Meurthe-et Moselle. A^t Nancy. C^{on} Saint-Nicolas du Port.

Attigny. — D^t Ardennes. A^t Vouziers. Chef-lieu de canton, sur l'Aisne.

Avize. — D^t Marne. A^t Epernay. Chef-lieu de canton.

Bassigny. — Région située à la limite de la Lorraine, du Barrois, de la Champagne, de la Franche-Comté, arrosée par la Meuse et par le Mouzon, dont les villes principales étaient, en Barrois, La Mothe, Bourmont, Lamarche, Isches, Damblain; en Lorraine, Darney et Fontenoy-en-Vosges; en Champagne, Chaumont, Choiseul, Meuse, Morimond. (Actuellement D^{ts} de la Haute-Marne, de l'Aube, de la Meuse, des Vosges, en partie).

Bayon. — D^t Meurthe-et-Moselle A^t Lunéville. Chef-lieu de canton, sur l'Euron.

Bourbonne-les-Bains. — D^t Haute-Marne. A^t Langres. Chef-lieu de canton.

Bourmont. — D^t Haute-Marne. A^t Chaumont. Chef-lieu de canton, sur un rocher dominant la Meuse. Ancienne capitale civile du Bassigny.

Brabois. — Domaine et château entre Villers et Vandœuvre. (D^t Meurthe-et-Moselle. A^t Nancy. C^{on} Nancy Ouest).

La Bresse. — D^t des Vosges. A^t Remiremont. C^{on} Saulxures-sur-Moselotte. Autrefois Etat indépendant et patriarcal au milieu des montagnes.

La Buissière. — D^t Isère. A^t Grenoble. C^{on} Touvet. Ancienne place des Dauphins du Viennois.

Césarge. — D^t Isère. A^t Vienne. C^{on} la Verpillière. C^{ne} Maubec. Ancienne-ment château dépendant de la baronnie de Maubec.

Chaleyssin. — D^t Isère. A^t Vienne. C^{on} Heyrieux. C^{ne} St-Just-Chaleyssin, sur un coteau dominant la Seveines.

Charmes. — D^t Vosges. A^t Mirecourt. Chef-lieu de canton, sur la Moselle.

Commercy. — D^t Meuse. Chef lieu d'arrondissement, sur la Meuse. Capitale de principauté, dès 969, dont les *damoiseaux* relevaient de l'Evêque de Metz, la ville devint le séjour du Cardinal de Retz (1662-1678), de Charles Henri de Lorraine, prince de Vaudémont (1708-1723), de la Duchesse douairière Elisabeth-Charlotte (15 février 1737-23 décembre 1744), enfin, à chaque année, en été, et en automne, de la cour de Stanislas, jusqu'au 24 août 1765.

Crantenoy. — D^t Meurthe-et-Moselle. A^t Nancy. C^{on} Haroué.

Creuë. D^t Meuse. A^t Commercy. C^{on} Vigneulles.

Darney. — D^t Vosges. A^t Mirecourt. Chef lieu de canton, sur la Saône.

Dieuze. Lorraine annexée. A^t Château Salins. Chef-lieu de canton.

Domnon. — Lorraine annexée. A^t Château Salins. C^{on} Dieuze.

Dompierre. Village du Bassigny, ruiné en 1645, et reconstruit près de Martigny.

Donchery. — D^t Ardennes. A^t et C^{on} Sedan, sur la Meuse

Eaubonne. — D^t Seine et-Oise. A^t de Pontoise. C^{on} Montmorency (1).

Egremont. — D^t Meuse. A^t Bar le Duc. C^{on} et C^{ne} Montiers-sur Saulx.

Esley. — D^t Vosges. A^t Mirecourt. C^{on} Darney.

Eteignières — D^t Ardennes. A^t Rocroi. C^{on} Signy-le-Petit.

Fénétrange. — Lorraine annexée. A^t Sarrebourg. Chef-lieu de canton, sur la Sarre.

Fontenoy-le-Château. — D^t Vosges. A^t Epinal. C^{on} Bains, sur les deux rives du Côné. Anciennement chef lieu de comté et place-forte à la frontière de la Lorraine et de la Franche Comté.

Germiny. — D^t Meurthe-et-Moselle. A^t Toul. C^{on} Colombey les-Belles.

Haroué. — D^t Meurthe et Moselle A^t Nancy. Chef lieu de canton, sur le Madon. Chef lieu de marquisat (1623) avec prévôté, puis avec prévôté baillia gère (1736), nommé Craon, de février 1768 jusqu'à la Révolution.

Havré. — Belgique. Chef lieu de marquisat (1574), près de Mons, en Hainaut.

Igney. — D^t Meurthe-et Moselle. A^t Lunéville. C^{on} Blâmont.

Jarville. — D^t Meurthe et Moselle. A^t et C^{on} Nancy (Ouest), sur la Meurthe. C^{ne} sur le territoire de laquelle se trouve le domaine de la Malgrange.

Joinville. — D^t Haute Marne, A^t Wassy, Chef lieu de canton, sur la Marne.

Juniville. — D^t Ardennes. A^t Rethel. Chef lieu de canton, sur la Retourne.

Lamarche. D^t Vosges. A^t Neufchâteau. Chef lieu de canton, sur le Mouzon.

Langres. — D^t H^{te}-Marne. Chef lieu d'arrondissement, et de l'antique évêché suffragant de Lyon; et, autrefois, de bailliage et de présidial.

Lichecourt. — D^t Vosges. A^t Mirecourt. C^{on} Darney. Château sur le versant méridional du plateau de Relanges.

Lunéville. — D^t Meurthe et Moselle. Chef lieu d'arrondissement sur la Vezouse. Anciennement séjour célèbre de la cour de Lorraine (1702-1766).

Le Magny. — D^t Seine et-Marne. A^t Coulommiers. C^{on} La Ferté-Gaucher. C^{ne} St Barthélemy, entre le Grand-Morin et le Petit Morin.

---

(1) J.-F. de Saint Lambert loua à vie, du financier Joseph Florent Lenormand de Mézières, la plus modeste des maisons construites par l'architecte Charles Nicolas Ledoux (1736 1806), s'y installa dès octobre 1767, l'abandonna pour le séjour de Sannois (fin floréal an II, mai 1794), et finit par la sous louer à un certain Denizet (19 pluviôse an IV, 8 février 1796). Cette maison est aujourd'hui sise rue de Soisy, 8, à Eaubonne.

Louvergny. — D^t Ardennes. A^t Vouziers. C^{on} le Chesne, sur le Bairon.

Maidières. — D^t Meurthe et-Moselle. A^t Nancy. C^{on} Pont-à-Mousson.

Mairy. — D^t Ardennes. A^t Sedan. C^{on} Mouzon.

Martigny-les-Bains (Martigny-lès-Lamarche, Martigny-Dompierre). — D^t Vosges. A^t Neufchâteau. C^{on} Lamarche, sur le Mouzon. Anciennement dépendant de l'abbaye de Saint-Epvre, à Toul.

Mazirot. — D^t Vosges. A^t et C^{on} Mirecourt

Mirecourt. — D^t Vosges. Chef lieu d'arrondissement, sur le Madon.

Montauville. — D^t Meurthe-et Moselle. A^t Nancy. C^{on} Pont à-Mousson.

Montgobert. — D^t Aisne. A^t Soissons C^{on} Villers-Cotterets.

Montigny-le-Roi. — D^t Haute-Marne. A^t Langres. Chef lieu de canton, ancienne forteresse des comtes de Champagne, rois de Navarre.

Montron. — D^t Aisne. A^t Château-Thierry. C^{on} Neuilly Saint-Front.

Morimond. — D^t Haute-Marne. A^t Langres. C^{on} Bourbonne-les-Bains. Anciennement abbaye de l'ordre de Cîteaux, mère de vingt-six filles, située sur les bords d'un étang, au milieu des forêts, sur la frontière de la Champagne, de la Franche-Comté, de la Lorraine.

La Mothe. — Capitale militaire du Bassigny, près de Bourmont, célèbre pour sa résistance aux Français (1644-1645), prise le 7 juillet 1645, détruite le mois suivant.

Noviant-aux-Prés. — D^t Meurthe-et Moselle. A^t Toul. C^{on} Domèvre. Anciennement chef lieu de marquisat (1642).

Oiry. — D^t Marne. A^t Epernay. C^{on} Avize.

Omont. — D^t Ardennes. A^t Mézières. Chef lieu de canton.

Orgemont (1).

Oyrières. — D^t Haute Saône. A^t Gray. C^{on} Autrey.

Pont-à-Mousson. D^t Meurthe-et Moselle. A^t Nancy. Chef lieu de canton sur la Moselle. Anciennement siège de la célèbre Université lorraine (1572-1768).

Pouilly. — Lorraine annexée. A^t Metz. Chef lieu de canton, sur la Seille.

Relanges. — D^t Vosges. A^t Mirecourt. C^{on} Darney.

Rethelois. — Etat féodal fondé en Champagne (diocèse de Reims) entre le dixième siècle et le douzième, dès lors comté-pairie, et. en 1579, duché. Les rivières principales étaient la Meuse et l'Aisne; les villes, Rethel, Mézières, Charleville, Attigny, avec les châteaux d'Omont, de Donchery, etc. Actuellement, D^t des Ardennes, Arr^{ts} de Mézières, de Rethel, de Vouziers, de Sedan en partie.

Robécourt. — D^t Vosges. A^t Neufchâteau. C^{on} Lamarche, sur le Mouzon.

Sannois. — D^t Seine et Oise. A^t Versailles. C^{on} Argenteuil.

Saint-Firmin. — D^t Meurthe-et Moselle. A^t Nancy. C^{on} Haroué.

Saint-Lambert. — D^t Ardennes. A^t Vouziers. C^{on} Attigny. C^{ne} Saint Lambert et Mont-de-Jeux, sur la côte dominant le ruisseau de Saint Lambert.

Saint Nicolas-du Port — D^t Meurthe-et Moselle. A^t Nancy. Chef-lieu de canton, sur la Meurthe.

Serqueux. — D^t Haute-Marne. A^t Langres. C^{on} Bourbonne les Bains.

Sézanne. — D^t Marne. A^t Epernay. Chef-lieu de canton.

---

(1) Nous ne savons encore celle des nombreuses localités de ce nom d'où la branche Habert de Montmort d'Orgemont tire son origine.

Ternay. — D^t Isère. A^t Vienne. C^{on} Saint-Symphorien d'Ozon, au confluent de l'Ozon et du Rhône.

Theuley. — D^t Haute Saône. A^t Gray. C^{on} Autrey. C^{ne} Vars. Ancienne-ment siège d'une abbaye cistercienne, fille de l'abbaye de Morimond (Theolocus), fondée en 1140.

Le Val. — Château, à la lisière de la forêt de Saint-Germain en Laye, au bout de la Terrasse (D^t Seine-et-Oise. A^t Versailles).

Valenciennes. — D^t Nord. Chef-lieu d'arrondissement, sur l'Escaut.

Vézelise. — D^t Meurthe-et-Moselle. A^t Nancy. Chef-lieu de canton sur le Brenon. Anciennement chef-lieu de bailliage.

Vic. — Lorraine annexée. A^t Château-Salins. Chef-lieu de canton, sur la Seille.

Viterne. — D^t Meurthe-et-Moselle. A^t Nancy. C^{on} Vézelise.

Vrécourt. — D^t Vosges. A^t Neufchâteau. C^{on} Bulgnéville.

Vulmont. — Lorraine annexée. A^t Metz. C^{on} Verny.

LE VILLAGE D'AFFRACOURT, VU DU BOSQUET « SAINT-LAMBERT »

« Six arpents composaient son modeste héritage. »

(Saint-Lambert, *Les Saisons*, I, v, 313.)

II

NOMS DE PERSONNES (1)

Abel (Claude). — Né à la Bresse, vicaire d'Affracourt de 1738 à 1778.

Aché (N. d'). — Sieur de Marbeuf. Chef d'escadre (1756), lieutenant général des armées navales (1761), Grand croix de l'Ordre de Saint-Louis (1766).

Agasse (Henri, dit de Cresne). — Né à Paris (14 avril 1752), mort à Paris (1er mai 1813), maître imprimeur, épousa Antoinette-Pauline Panckoucke, fille de Charles-Joseph. et nièce, par alliance, de Suard. Editeur, après 1798 (rue des Poitevins, Hôtel de Thou, à Paris), du *Moniteur universel*, du *Mercure de France*, de l'*Encyclopédie méthodique*, etc.

Alba. — Notice, page 92.

Anglure. — Notice, page 100.

Argenson (Marc-René Paulmy de Voyer, chevalier, puis marquis d'). — Né à Venise (4 novembre 1652), mort à Paris (8 mai 1721), Maître des Requêtes de l'Hôtel du Roi (5 mars 1694), Lieutenant-général de police de la ville, prévôté, et vicomté de Paris (29 janvier 1697-5 janvier 1720), Conseiller d'Etat (10 juin 1709), Garde des sceaux de France (28 janvier 1718), honoraire (7 juin 1720), Membre honoraire de l'Académie des sciences (1716), Membre de l'Académie Française (1718). Epousa (14 janvier 1693) Marguerite le Fèvre de Caumartin. De ses trois enfants, René-Louis, marquis d'Argenson (18 octobre 1694-26 janvier 1757), et Marc-Pierre, comte d'Argenson (16 août 1696 22 août 1764), appartiennent aussi à l'histoire.

Armoises (Anne de Beauvau, marquise des). — Dame d'Essey, Saint Max, Dommartemont, Fléville, dame du Palais de la Reine de Pologne, morte à Fléville (25 août 1766). Fille de Louis II de Beauvau et de Jeanne-Marie-Madeleine de Ludres, nièce de Marc de Craon, sœur de Louis-Antoine, marquis de Beauvau, et de Marie-Louise, marquise des Salles; épousa (février 1727) Antoine-Bernard, comte, puis marquis des Armoises, Feld-maréchal lieutenant des troupes de l'empereur François Ier, Commandant de sa Garde-Noble à Florence, mort à Nancy (3 juin 1768).

Audiffret (Jean Baptiste d'). — Vicomte de Thézé, baron d'Hoin, seigneur d'Ennery, Conseiller de S. M. T. C. en ses Conseils, né à Marseille (1657), mort à Nancy (9 juillet 1733); Envoyé extraordinaire du Roi de France aux Cours de Mantoue, de Parme, de Modène, et (1702-29 juin 1732) à celle de Lorraine; épousa (27 mai 1708) Anne-Charlotte de Belcastel de Permillac, et laissa plusieurs ouvrages de diplomatié et d'histoire.

Barbarat (Louis). — Seigneur de Mazirot et de Brabois, mort le 1er mars 1746; Directeur et Receveur des Salines, Fermier-général de Lorraine et Barrois (1699-1709), Trésorier-général des finances de S. A. R.; épousa (15 sep-

---

(1) Cet index n'étant dressé que pour fournir un complément spécial aux Notes, et aux Pièces et Notices justificatives, on n'y trouvera ni les noms des particuliers sur lesquels nous ne possédons aucun renseignement, ni ceux des personnages célèbres ou obscurs incidemment nommés ailleurs que dans le récit.

tembre 1704) Anne-Catherine Protin, fille de Paul, seigneur de Vulmont, Conseiller d'Etat de S. A. R., et Maître des requêtes de son Hôtel.

Barbarat (Marie-Anne-Agathe-Rose de). — Née de Ponze, puis comtesse de Neuvron-le-Château, dame d'Arry, née en 1713, morte à Paris (22 mai 1778); fille de Michel-Jérôme de Ponze, chevalier, Conseiller d'Etat du prince Charles de Lorraine, et son Envoyé extraordinaire à la Cour de Lorraine, et de Françoise-Antoinette Philbert; épousa : 1º Claude Georges de Barbarat, seigneur de Mazirot, Président à mortier au Parlement de Metz, né le 11 août 1708, mort à Plombières (10 novembre 1747), fils du précédent; 2º (vers 1750) Pierre, baron de Neuvron, seigneur de Gondrecourt, Amblemont, etc., Président à mortier au Parlement de Metz, né à Briey (14 novembre 1706), mort le 2 août 1753. De ses quatre enfants, tous du premier lit, Marie-Anne-Gabrielle Rose épousa (17 mars 1748) Antoine-Nicolas, comte de Reims, baron de Vannes et du Saint-Empire, seigneur de Saulxures, Barizey-en-plain, ancien officier aux Gardes du Roi; Marie-Thérèse-Françoise-Charlotte épousa (1750) Nicolas-François le Preudhomme de Fontenoy, dit le Comte de Chatenoy, marquis de Noviant, capitaine au régiment d'Egmont, cavalerie, mort à Nancy (septembre 1788); Charles Antoine-François (14 avril 1740 23 juillet 1788), chevalier, seigneur de Mazirot, comte de Muret, Président à mortier au Parlement de Metz, Maître des Requêtes de l'Hôtel du Roi, épousa : 1º Louise-Marie Madeleine de Bellanger; 2º Marie-Charlotte Armande Etiennette de Chatenoy.

Barret (Elisabeth), morte à Affracourt (1er novembre 1738) épousa Jean-Philippe Rousselle, chevalier du Saint-Empire, écuyer de S. A. R., prévôt d'Haroué.

Barrois (N.), prévôt de Langres en 1707.

Barrois (François), baron de Manonville, comte des Kœurs, né à Kœur (1641), mort à Saint-Mihiel (1726); Lieutenant-général au bailliage de Bar (22 février 1698), Conseiller et Maître des Requêtes ordinaire de l'Hôtel (2 juin 1698), Envoyé ordinaire et extraordinaire de Lorraine à la Cour de France (1698-1718).

Bassompierre (François, marquis de), né à Haroué (12 avril 1579), mort le 12 octobre 1646; Colonel-général des Suisses et Grisons (1614), Chevalier des Ordres du Roi (1619), Envoyé extraordinaire à la Cour d'Espagne (1621), près les Cantons Suisses (1625 et 1629), à la Cour d'Angleterre (1626), Maréchal de France (12 octobre 1622), fut enfermé en Bastille du 25 février 1631 au 19 janvier 1643.

Beauvau (Marc de), marquis, puis prince de Craon, marquis d'Haroué, baron d'Autrey, sgr de Bauzemont, Tomblaine, Jarville, Fléville, etc., né à Nancy (2 mars 1678), mort à Haroué (10 mars 1754); fils de Louis, marquis de Beauvau, Conseiller d'Etat, Colonel des Gardes-du-Corps de S. A. R., bailli de Saint-Mihiel, et d'Anne de Ligny; Prince de Craon et du Saint-Empire (13 novembre 1722), Grand d'Espagne de la Première Classe (8 mai 1727), Chevalier de la Toison d'Or, Grand-Ecuyer, Grand-Maître de la Garde-Robe de S. A. R. et son Ministre plénipotentiaire, Président du Conseil de Régence à Florence; en retraite le 25 juillet 1749; épousa (16 décembre 1704) Anne-Marguerite de Ligniville, fille d'honneur de S. A. R. la duchesse de Lorraine, née en 1687, morte à Haroué (12 juillet 1772), fille de Melchior, comte de Tumejus, marquis de Houécourt, Chambellan de S. A. R., Maréchal de Lorraine et Bar-

rois, Chevalier Conseiller d'Etat, Bailli de Vosges, et de Marguerite-Antoi-
nette de Bouzey; — laquelle eut vingt enfants, dont un fils illustre, et plusieurs remarquables (1).

Beauvau (Charles-Juste, prince de), marquis d'Haroué, etc., prince du
Saint-Empire (13 novembre 1722), Grand d'Espagne de la Première Classe
(21 mars 1745), Membre de l'Académie Française (7 février 1771), Membre
honoraire de l'Académie des Inscriptions et Belles-Lettres (5 janvier 1782),
Membre des Académies della Crusca (Florence), de Bordeaux et de Nîmes;
fils du précédent, né à Lunéville (10 novembre 1720), mort au Val (19 mai 1793);
Lieutenant réformé au Rt de la Reine Cavalerie (10 décembre 1738); colonel du
Rt des Gardes-Lorraines (1er mars 1740); Brigadier (16 mai 1746), Gouverneur
de Bar (12 juin 1747), Maréchal-de-camp (10 mai 1748), Grand Maître de la
Maison du Roi de Pologne (31 octobre 1756), Gouverneur et Grand Bailli
d'Epée des Ville et Château de Lunéville (22 novembre 1756), Chevalier des
Ordres du Roi (1er janvier 1757), Capitaine des Gardes du Corps de S. M. T. C.
(11 novembre 1758), Lieutenant-général (28 décembre 1758), Commandant en
Chef le Corps auxiliaire en Espagne (1762), Commandant en Guyenne
(21 juin 1765), Commandant en Languedoc (1er novembre 1765-22 août 1771),
Commandant la troisième Division militaire en Alsace (14 juin 1776), Gouverneur de Provence (26 avril 1782), Maréchal de France (13 juin 1783), Appelé
au Conseil d'Etat (5 août 1789). Epousa 1o (3 avril 1745) Marie-Sophie-Charlotte
de la Tour d'Auvergne (20 décembre 1729-6 septembre 1763), et 2o (14 mars 1764)
Marie Charlotte de Rohan-Chabot, née à Paris (12 décembre 1729), morte à
Paris (26 mars 1807), fille de Guy-Auguste de Rohan, comte de Chabot, et
d'Yvonne-Sylvie du Breuil du Rays, veuve (18 septembre 1761) de Jean-Baptiste
Louis de Clermont-d'Amboise, marquis de Resnel (mariage du 7 septembre 1749).
Du premier lit naquit, à Paris (1er avril 1750), une fille unique, Anne-Louise
de Beauvau, morte le 20 novembre 1834, mariée (9 septembre 1767) à Louis-
Philippe-Marc-Antoine de Noailles, prince de Poix.

Beauvau (Ferdinand-Jérôme, dit le Chevalier de), puis prince de Craon,
frère puîné du précédent, né à Lunéville (5 septembre 1723), mort à Paris
(8 octobre 1790), Chevalier de Malte, Lieutenant réformé dans le Rt de la
Reine Cavalerie (29 juin 1741), Colonel en second du Rt des Gardes-Lorraines
(26 février 1746), Brigadier (3 février 1758), Maréchal-de camp et Inspecteur
de la Cavalerie; épousa (août 1772) Louise-Antoinette Desmier d'Archiac, fille
de Louis-Etienne Desmier d'Archiac de Saint-Simon, et de Marie d'Anthès,
veuve (1766) de Charles-Abraham-Laurent, comte de Beaunay. Son fils, Marc-
Etienne-Gabriel, né à Paris (22 septembre 1773), est la tige des princes de
Beauvau du dix-neuvième et du vingtième siècles.

Becel (Adam), Procureur et cellerier du domaine, impôt, cellerie de Nancy

---

(1) La maison de Beauvau a certes des droits à la reconnaissance des historiens de la
Lorraine. Tandis, en effet, que la nièce de Marc de Craon, Mme des Armoises, soutenait,
en face du chancelier de la Galaizière, rigoureux agent de la France, les intérêts de
ses compatriotes, le prince Charles Juste de Beauvau ne cessa d'appuyer, de toute sa
valeur, de tout son crédit, leurs revendications à la cour de Versailles, et, à Lunéville
même, la marquise de Boufflers, partageant ses faveurs entre le Roi postiche et le
Chancelier souverain, sut atténuer, grâce à une adroite et galante politique, les coups
et contre-coups de cette inévitable agonie d'un Etat.

(1662-1663), Commissaire des vivres dans les troupes de S. M. T. C.; épousa, vers 1684, Ignace-Christine Huin, fille de Nicolas Huin, Conseiller-auditeur en la Chambre des Comptes de Lorraine, et de Françoise Malcuit, née à Ville-sur-Madon.

Belle-Isle (Charles Louis-Auguste Fouquet, comte, puis duc de), duc de Gisors, vicomte d'Aurillac, baron de Lésignan, sgr. de Puylaurens, etc., prince du Saint-Empire (1742), Chevalier des Ordres du Roi (1735) et de la Toison d'Or (1741); né à Villefranche-de-Rouergue (22 septembre 1684), mort à Versailles (26 janvier 1761); Mestre-de-camp général des Dragons (5 juillet 1709), Maréchal-de-camp (8 mars 1718), Lieutenant général (22 décembre 1731), Ministre plénipotentiaire à la diète électorale (16 décembre 1740), Maréchal de France (11 février 1741), Commandant dans les Trois-Evêchés, Gouverneur de Metz (1741), Lieutenant-général au gouvernement des duchés de Lorraine et de Bar (1er octobre 1744): Duc et pair (8 mars 1748), Membre de l'Académie Française (30 juin 1749), Ministre de la guerre (26 février 1758), Fondateur de l'Académie de Metz (1760); épousa 1o (1711) Mlle de Durfort de Civrac ; 2o (15 octobre 1729) Marie Thérèse Geneviève-Emmanuelle de Béthune, morte le 3 mars 1755. Son fils fut le valeureux et vertueux Louis Marie, comte de Gisors (27 mars 1732-26 juin 1758), marié (23 mai 1753) à Hélène-Julie-Rosalie Mancini de Nivernois.

Belrupt (N* de), Lieutenant-colonel du Rt des Chevau-légers de Ville, Ecuyer de S. A. le Duc Charles IV; fils du Sieur de Belrupt, Maître d'Hôtel de la Princesse Catherine de Lorraine (mort en 1605), et de Louise de Chérisey.

Berchény (Anne Catherine de) née de Wiet-Girard; morte à Nancy (24 août 1766); épousa Ladislas Ignace, comte de Bercsény (1689 1778), sgr de Luzancy, Courcelles, etc., Lieutenant Général (1744), Inspecteur général des Hussards (1753), Maréchal de France (15 mars 1758), Grand Ecuyer du Roi de Pologne (21 avril 1738), Gouverneur de Commercy (11 mars 1748).

Berget (Anne) morte à Martigny (1686), épousa (1669) Nicolas Guillemin, avocat au Pt de Dijon, Procureur du Roi en la Prévôté Royale de Mirecourt.

Bernage (Louis Basile de) sgr de Saint-Maurice, né en 1661, mort le 24 novembre 1737; Intendant du Limousin (30 juin 1694), puis de Bourgogne, et Conseiller d'Etat ordinaire.

Berni (Francesco), né en 1496, mort à Florence (26 juillet 1536); poète amateur et lettré, créateur d'un genre particulier de burlesque, badin ou satirique sans trivialité.

Boffrand (Germain), né à Nantes (7 mai 1667), mort à Paris (18 mars 1754); neveu de Jules Hardouin Mansart, élève de Girardon. appelé en Lorraine à plusieurs reprises à partir de 1702; premier architecte de S. A. R. (11 décembre 1711); Inspecteur général des Ponts et Chaussées de France; construisit le château de Lunéville, la Monnaie, les Hôtels de Craon (Palais de Justice), de Vitrimont, de Ferrari, de Curel, etc., à Nancy, les châteaux de Haroué, Croismare, etc., l'abbaye d'Autrey, les ponts de Sens et de Montereau, le palais épiscopal de Wurtzbourg, etc., etc.

Boufflers (Marie-Françoise-Catherine, marquise de), née Beauvau-Craon; née à Lunéville (8 décembre 1711), morte à Scey-sur-Saône (1er juillet 1786); fille de Marc de Craon et de Anne-Marguerite de Lignivillo ; Dame de la Reine de Pologne (26 mars 1737); Dame du Palais (21 avril 1737); Dame d'honneur (20 janvier 1747); puis Dame de Mesdames de France; épousa (19 avril 1735) à

Ilaroué, Louis-François Régis, marquis de Boufflers-Remiencourt, Mestre-de-camp du R^t de dragons d'Orléans (28 mars 1737), Maréchal·de camp (10 mars 1748), Commandant des Gardes-du-Corps du Roi de Pologne, mort le 18 février 1751. De ses quatre enfants, le plus célèbre est Stanislas-Jean, né à Nancy (31 mai 1738), dit le Chevalier de Boufflers (1).

Du Bourg, Note, p. 97.

Callot (Jacques), né à Nancy (1592), mort à Nancy (24 mars 1635); fils de Jean Callot, Héraut d'armes et Concierge en l'Hôtel de S. A.; épousa (1625) Catherine Kuttinger. Elève de Claude Henriet, formé à Rome et à Florence (1608-1622), le plus illustre graveur de la Lorraine composa (1631-1632) pendant son second séjour à Nancy et fit publier en 1633 l'un de ses chefs-d'œuvre, *les Misères et les Malheurs de la Guerre.*

Carlingford (François Taafe, comte de) sgr de Tantonville; né en 1637, mort à Lunéville (31 juillet 1704); Conseiller d'Etat de S. M. I., maréchal-de-camp général de ses armées, et colonel d'un R^t de Cuirassiers, Chevalier de la Toison d'Or, Grand Maître de l'Hôtel et Chef des Conseils de S. A. R., Surintendant de ses finances, Gouverneur de Nancy.

Caumartin (Charlotte Le Fèvre de), née Bernard; née en 1680, morte (28 août 1708); épousa (19 octobre 1695) Louis-Francois II Le Fèvre de Caumartin (3 mai 1666-13 juillet 1722), Maître des Requêtes (18 février 1694), Intendant en 1708.

Cerf (Dominique-François du), mort avant 1723, Ingénieur, Capitaine Aide-Major du R^t des Gardes de Lorraine, et Major de la Ville de Nancy (1708); épousa Anne Marchis.

Chamillart (Michel), comte de la Suze, né le 10 janvier 1652, mort le 14 avril 1721; Maîtres des Requêtes (1686), Intendant de Rouen (1689), Inten dant des finances (1690), Contrôleur·Général des Finances (5 septembre 1699-20 février 1708), Ministre d'Etat (29 novembre 1700), Secrétaire d'Etat de la Guerre (7 janvier 1701 10 juin 1709), Trésorier des Ordres du Roi (1706).

Charles III, duc de Lorraine (15 février 1543 18 mai 1608), régna person·nellement dès le 18 mai 1562.

Charles IV, duc de Lorraine (5 avril 1604-18 septembre 1675); régna effectivement du 31 juillet 1624 à décembre 1633, et du 1er septembre 1663 au 26 août 1670.

Charles, dit le Cardinal de Lorraine, né à Nancy (1er juillet 1567), mort à Nancy (24 novembre 1607); deuxième fils de Charles III et de Claude de France; Coadjuteur de l'Evêché de Metz (29 mars 1573), Evêque de Metz (en titre 1578, en fonctions 1591), Cardinal (1589), Légat apostolique dans les Trois-Evêchés (22 juin 1591), Abbé de Gorze et de Saint-Victor, de Beaupré et de Saint-Mihiel, chanoine de Mayence et de Trèves, Protecteur de l'Université de Pont à-Mousson, Evêque de Strasbourg (élu en 1592, reconnu le 22 novembre 1604), Premier Primat de Lorraine (15 mars 1602).

Châtelet (Gabrielle-Emilie, marquise du) née Le Tonnelier de Breteuil, née le 17 décembre 1706, morte à Lunéville (10 septembre 1749); fille de Nicolas

---

(1) Les amours intermittentes de J. F. de Saint-Lambert et de la « Dame de Volupté » semblent avoir eu leur aurore en Ilaroué, au printemps de 1742; leur beau temps à Lunéville, l'hiver de 1743; leur crise, de décembre 1746 à mai 1747; leur terme, au commencement de l'année 1748.

Le Tonnelier de Breteuil, baron de Preuilly, sgr d'Azay, Tournon, etc., Chevalier des Ordres du Roi, Introducteur des Ambassadeurs, et de Anne-Gabrielle de Froulay; épousa (12 juin 1725) Florent-Claude, marquis du Châtelet-Lomont, baron de Cirey (27 avril 1695-décembre 1765), Lieutenant-Général, Grand-Chambellan du Roi de Pologne, Grand-Bailli d'Auxois et de Sarrelouis, Gouverneur de Semur, Bailli de Lamarche, Gouverneur de Toul, Grand-Croix de Saint-Louis. De ses quatre enfants, l'un entra dans l'Histoire, Florent-Louis-Marie, née à Semur (20 novembre 1727); une autre, Stanislas-Adélaïde, la fille de J.-F. de Saint-Lambert, naquit le 4 septembre 1749 à Lunéville, et y mourut le 6 mai 1751 (1).

Chatenoy, Article **Barbarat.**

Chevalier, Notice page 92.

Choiseul-Beaupré (Antoine-Clériadus de) né le 28 septembre 1707, mort à Gy (7 janvier 1774); fils d'Antoine Clériadus, mort le 19 mai 1726, et d'Anne-Françoise de Barillon de Morangis, morte en 1745; Docteur en théologie de la Faculté de Paris, Vicaire général de Mende, abbé de Saint-Bertin, Primat de Lorraine (juillet 1742) et Aumônier du Roi de Pologne, Archevêque de Besançon (1754), Cardinal (23 novembre 1761).

Choiseul (Etienne-François, duc de), né à Nancy (28 juin 1719), mort à Paris (8 mai 1785); fils aîné de François Joseph, marquis de Stainville, baron de Beaupré, Capitaine d'une Compagnie des Gardes-du-Corps de S. A. R., Envoyé extraordinaire en Angleterre et en France, Chevalier de la Toison d'Or, Chambellan du Grand-Duc de Toscane, et de Françoise Louise de Bassompierre; Colonel du Rt d'Infanterie de Choiseul (2 mai 1743), Maréchal-de Camp (10 mai 1748), Gouverneur des Ville et Château de Mirecourt (14 mars 1748), Grand-Bailli du pays de Vosges (26 août 1751), Ambassadeur à Rome (novembre 1753), à Vienne (mars 1757), Chevalier des Ordres du Roi (1er janvier 1756), Secrétaire d'Etat des Affaires Etrangères (3 décembre 1758 13 octobre 1761), Duc et pair (10 décembre 1758), Lieutenant-Général (17 décembre 1759), Gouverneur de la Touraine (27 juillet 1760), Surintendant-général des courriers, postes et relais (28 août 1760), Ministre de la guerre (27 janvier 1761), de la marine (13 octobre 1761), Chevalier de la Toison d'Or (3 janvier 1762), Colonel-Général des Suisses et Grisons (24 février 1762), Secrétaire d'Etat des Affaires Etrangères (5 avril 1766), Exilé (24 décembre 1770) et disgracié.

Courtanvaux (Michel-François Le Tellier, marquis de), né le 15 mai 1663, mort le 11 mai 1721; reçu en survivance de la charge de Secrétaire d'Etat (7 décembre 1681); épousa (28 novembre 1691) Marie-Anne-Catherine d'Estrées, morte le 22 avril 1741.

Croÿ (Marie-Claire de), marquise d'Havré (Havrech), comtesse de Fontenoy, baronne de Fénétrange, dame de Bayon; morte à Nancy (septembre 1664); fille de Charles-Alexandre, duc de Croÿ, prince et maréchal héréditaire du Saint-Empire (21 mars 1581-5 novembre 1624), et de Yolande de Ligne; épousa 1° Charles-Philippe Alexandre de Croÿ, marquis de Renty, mort le 13 no-

---

(1) La « Divine Emilie » se distingua, autant que par ses goûts mondains et par ses travaux scientifiques, par ses liaisons passionnées avec Goësbriant, Richelieu, Voltaire et, enfin, Saint Lambert (de mai 1748 à septembre 1749) à qui elle légua ses *Réflexions sur le Bonheur* (publiées en 1796).

vembre 1640; 2° Philippe-François, baron de Tourcoing, fils, tous deux, de Philippe de Croÿ, comte de Solre, chevalier de la Toison d'Or.

Curel (N* de), ancien lieutenant aux Gardes-Françaises, Grand Louvetier de Lorraine sous le règne de Léopold.

Custines (Christophe, comte, puis marquis de), sgr de Condé-sur-Moselle, Pontigny-les Etangs, Cône, Rupt, etc, mort à Nancy (26 juillet 1755); fils de Louis-Gabriel, comte de Custine et de Dorothée de Caba de Caberque; Conseiller d'Etat, Premier Chambellan de S. A. R., et Colonel du R^t de ses Gardes, Gouverneur des Ville et Citadelle de Nancy, Grand Bailli de Nancy; épousa (1704) Antoinette de Nettancourt, fille d'Edmond, comte de Nettancourt, et de Marie de Joly.

Cyrano (Savinien de), dit de Bergerac, né à Paris (6 mars 1619), mort à Sannois (28 juillet 1655); Garde-du-Corps (1638 1641), Gentilhomme du duc d'Arpajon (1653); le plus fantaisiste des écrivains du dix-septième siècle, qui étala sa « burlesque audace » dans son œuvre, comme dans sa vie.

Devaux (Nicolas), né à Robert Espagne en 1671, mort à Lunéville (20 mars 1753); Chirurgien-Major de la Garde Suisse de S. A. R. (1698), Chirurgien ordinaire de S. A. R. (1708), anobli le 18 juin 1736; épousa (3 février 1704) Claudinette Joly, fille de Jean Joly, Receveur de Rambervillers. Parmi ses six enfants se distingue François Antoine, dit Panpan (16 septembre 1712-11 avril 1796); Avocat à la Cour Souveraine, puis Receveur des finances à Lunéville, puis Lecteur du Roi de Pologne.

Diderot (Denis), né à Langres (5 octobre 1713), mort à Paris (31 juillet 1784); fils de Didier Diderot, maître coutelier, et d'Angélique Vigneron; Bibliothécaire de S. M. I. de Russie (1er mai 1765); épousa (6 novembre 1743) Anne Antoinette Champion. De ses trois enfants, Angélique (13 août 1744-5 décembre 1824) survécut, et épousa (9 septembre 1772) Abel-François-Nicolas Caroillon de Vandeul, né à Langres (1746), mort à Paris (18 janvier 1813) (1).

Didot (Pierre), né à Paris (25 janvier 1761), mort à Paris (31 décembre 1853); fils et successeur, avec son frère cadet Firmin, de François-Ambroise (1730-1804), Imprimeur de Monsieur, frère du Roi; reçu libraire (16 décembre 1785); auteur des éditions dites « du Louvre (2) ».

Duclos (Charles Pinot, sieur) né à Dinan (12 février 1704), mort à Paris (26 mars 1772); Membre de l'Académie des Inscriptions et Belles-Lettres (1739), de l'Académie Française (1746), Secrétaire-perpétuel (novembre 1755); Maire de Dinan, Historiographe du Roi (1750). Conteur grivois, historien politique, critique et savant, mêlé à tous les mondes, « droit et adroit », il sut, avec une opiniâtre prudence, donner à l'Académie Française son caractère d'indépendance et de dignité, et lui prépara, par l'admission des philosophes, l'empire sur l'opinion publique.

---

(1) Le « Philosophe de la Montagne », le neveu de « Noble et Scientifique personne Didier Vigneron, Chanoine de l'Eglise Collégiale de Langres », enrôla dans l'Encyclopédie J. F. de Saint Lambert dès le premier séjour de celui ci à Paris (1750), et trouva en lui un auxiliaire secret, mais fidèle, jusqu'au dernier moment, surtout après la rupture de Rousseau et l'abandon de d'Alembert (1758 1759).

(2) Editions des *Saisons :* 1° Paris, an III (décembre 1795), 2 vol. in-12. Prix : à l'apparition, 600 livres, en assignats, et, impression sur vélin, 3000 livres; en 1818, 4 fr. 55; en 1911, 8 francs; 2° Paris, an IV (1796), grand in-4° sur vélin, 4 figures de Chaudet, gravées par Morel; la seconde des éditions de luxe du poème.

l'Épée. Notice sur la famille **Chevalier** (p. 94).

l'Esné (N**, abbé de) abbé de Châtillon, bénéficier des abbayes des Trois-Rois et de Saint Pierre du Moutier, puis (1703 1707) de l'abbaye de Theuley.

Faret (Nicolas), né à Bourg-en-Bresse, en 1596, ou en 1600; enterré à Paris (9 septembre 1646); Conseiller Secrétaire du Roi, Maison et Couronne de France et de ses Finances; Premier Secrétaire et Intendant de la maison et affaires du Comte d'Harcourt, Membre de l'Académie Française; auteur compétent (entre autres ouvrages), de *l'Honnête Homme, ou l'Art de plaire à la Cour* (Paris 1630) et de la *Préface des Œuvres de Gérard de Saint Amant* (1629).

Félix (N*), Notaire à Haroué, parent de Jean, Médecin Ordinaire du Roi de Pologne (1701-1768).

Fériet. Note 53, p. 80. — Notice sur la famille **Chevalier**, p. 93.

Fontenelle (Bernard le Bovier, sieur de), doyen (Secrétaire-perpétuel) de l'Académie Francaise (1691), de celle des Sciences (1699), de celle des Inscriptions et Belles-Lettres (1708); né à Rouen (11 février 1657), mort à Paris (9 janvier 1757); fils de François, avocat au P¹ de Rouen, et de Marthe Corneille. Ce neveu du Grand Corneille, poète maniéré, historien sérieux, vulgarisateur des sciences, propagateur de la philosophie, plus célèbre pour ses idées que pour son art, fut réellement, par sa conversation, comme Bayle par son érudition, l'éducateur de la génération de l'Encyclopédie, à laquelle appartint J.-F. de Saint Lambert.

François III, duc de Lorraine (Article **Léopold**).

François (dit de Neufchâteau), né le 17 avril 1750, à Vrécourt, mort à Paris (10 janvier 1828); Membre de l'Académie de Nancy (1766); Professeur d'éloquence et de poésie au Collège de Toul (Octobre 1770), Subdélégué de l'Intendance de Lorraine à Mirecourt (1781), Délégué à Saint-Domingue (1783-1785), Commissaire pour la formation du D¹ des Vosges, Juge de paix, puis Administrateur de ce Département (1790-1791), Député à l'Assemblée législative et Secrétaire (3 octobre 1791), Président (26 décembre 1791), Juge au Tribunal de Cassation (1794), Commissaire au D¹ des Vosges (1795-1796), Membre de l'Institut (1796), Ministre de l'Intérieur (16 juillet 1797); Directeur (5 septembre 1797-9 mai 1798), Ministre plénipotentiaire aux Conférences de Seltz (1798); Ministre de l'Intérieur (17 juin 1798-22 juin 1799), Membre du Sénat-Conservateur (1799), Secrétaire, puis Président, Nommé à la sénatorerie de Dijon (1806), puis de Bruxelles, Grand-Officier de la Légion d'Honneur, Comte de l'Empire (1808); épousa 1° en 1776 N* Dubus; 2° en 1782, Jeanne-Julienne Martzen (1).

La Galaizière (Antoine-Martin Chaumont, marquis de), comte de Chaumont-sur Moselle (Neuviller) et de Roville, etc., né à Valenciennes (2 janvier 1697), mort à Paris (octobre 1783); fils de N* Chaumont, Conseiller au Conseil Souverain de Douai; Maître des Requêtes (1716), Intendant de Soissons (1731), Intendant en Lorraine et Barrois (18 janvier 1737-4 septembre 1758), Chancelier, Garde des Sceaux de Lorraine (1737-1766), Conseiller d'Etat ordinaire (1766), Conseiller au Conseil des Finances de France (19 janvier 1776);

---

(1) Ce fils d'un maître d'école de village égaya sa belle carrière par la composition, en vers et en prose, d'ouvrages dramatiques, de poèmes didactiques, de traités écono miques, selon le goût de sa jeunesse d'enfant prodige, et la signala par une active et constante protection des écrivains.

épousa Louise-Elisabeth Orry de Vignory (1709-15 septembre 1761), et fit en Lorraine la fortune de ses frères et de ses fils.

Gallas (Mathias), comte de Campo, duc de Lucera, né à Trente (16 septembre 1584), mort à Vienne (25 avril 1647); Général dans l'armée de Wallenstein, Comte du Saint Empire (1630), Duc de Friedland (1634), Commandant en chef l'armée impériale (1634 1638; 1643 1645; 1646).

Gérardy (N*), Défenseur officieux (an V), puis Avoué au Tribunal d'Appel (An XI), et Trésorier, Rue des Ponts, 248, à Nancy.

Grammont (Salomon de), sgr. de Lichecourt; épousa Anne Guyolet (entre 1680 et 1710).

La Grange (N* de), Enseigne des Gardes du Corps (1687), Capitaine au R^t de Normandie (1688), Commandeur de l'Ordre de Saint Louis (1693), Major du Château de la Bastille.

Grimm (Frédéric Melchior), Membre de l'Académie des Sciences de Saint-Pétersbourg, né à Ratisbonne (26 septembre 1723), mort à Gotha (19 décembre 1807), établi en France de 1749 à 1792; secrétaire du Comte de Friese (1749), Secrétaire des Commandements du duc d'Orléans (1755), Envoyé de la Ville de Francfort à la Cour de France (février 1759 février 1761), Conseiller de la Légation de Saxe Gotha (octobre 1769), Baron du Saint Empire (mai 1772), Ministre de Saxe-Gotha (1775), Conseiller d'Etat de S. M. I. de Russie et Colonel (28 juin 1777), Grand-Croix de la Seconde Classe de l'Ordre de Saint-Wladimir. Elève de Gottsched et d'Ernesti, il propagea en France la littérature et la musique allemandes, et, par sa liaison avec Mme d'Epinay (1755-1783), par son amitié pour Diderot (1751-1784), par sa *Correspondance* (1753-1768), fut de très près mêlé à la vie littéraire, mondaine, artistique et philosophique du dix-huitième siècle français.

Guillemin, Article Berget.

Habert de Montmort, Notice, page 95.

Harcourt (Henri de Lorraine, comte d'), dit Cadet-la-Perle, comte d'Armagnac et de Brionne, vicomte de Marsan, Grand-Ecuyer de S. M. T. C; né le 2 mars 1601, mort à l'abbaye de Royaumont (25 juillet 1666); deuxième fils de Charles Ier de Lorraine, duc d'Elbeuf, et de Marguerite de Chabot; Volontaire (8 novembre 1620) Chevalier des Ordres du Roi (14 mai 1633), Commandant de l'armée navale (12 avril 1636), Commandant l'armée en Piémont (2 septembre 1639), Colonel de son R^t de Cavalerie (24 février 1641-1659), de son R^t d'Infanterie (2 novembre 1641-novembre 1665), Gouverneur et Lieutenant-Général en Guyenne (21 janvier 1642), Commandant l'armée de Flandre (23 janvier 1642), Ambassadeur en Angleterre, Grand-Ecuyer (8 août 1643), Vice-Roi de Catalogne (24 décembre 1644), Lieutenant Général en Normandie (30 janvier 1649), Commandant l'armée en Flandre (29 avril 1649), Gouverneur de Normandie (29 janvier 1650-septembre 1652), Gouverneur d'Alsace et Lieutenant-général (20 avril 1649-20 décembre 1659), Commandant l'armée en Guyenne (24 décembre 1651), Gouverneur de l'Anjou (20 décembre 1659); épousa (1639) Marguerite-Philippe de Cambout (1622-9 décembre 1674), fille de Charles, marquis de Coislin, Lieutenant-Général en Basse-Bretagne, Gouverneur de Brest, veuve d'Antoine de Laage, duc de Puylaurens. A noter, parmi ses six enfants : Louis, comte d'Armagnac et de Brionne, Chevalier des Ordres du Roi, Pair et Grand-Ecuyer, né le 7 décembre 1641; Philippe, dit le Chevalier de Lorraine, né en 1643, abbé de Saint-Jean des Vignes, de Saint-Benoît, etc.;

Alphonse-Louis, Chevalier de Malte, dit le Chevalier d'Harcourt, abbé de Royaumont.

Harouys (André de), Intendant de Champagne (1703-1711).

Helvétius (Claude), sgr. de Lumigny, Voré, Feuillet, Regmalard, la Malmaison, Fermier-Général, Maître d'Hôtel ordinaire de la Reine; né à Paris (26 janvier 1715), mort à Paris (26 décembre 1771); fils de Jean-Claude-Adrien Helvétius, Médecin de la Reine, Conseiller d'Etat, Inspecteur-Général des Hôpitaux de Flandre, et de Noële Geneviève de Carvoisin d'Armancourt; épousa (14 août 1751) Anne-Catherine, comtesse de Ligniville, née à Nancy (23 juillet 1722), morte à Auteuil (11 août 1800), fille de Jean-Jacques, comte de Ligniville-Autricourt et du Saint-Empire, Chambellan de S. A. R., Chevalier des Ordres du Roi de Sardaigne, — et d'Elisabeth-Charlotte de Soreau. De ses quatre enfants deux filles, Elisabeth-Charlotte, née le 3 août 1752, et Geneviève-Adélaïde, née le 25 janvier 1754, s'allièrent, l'une aux Mun, l'autre aux Andlau (1).

Holbach (Paul Thiry d'), baron de Heere, sgr. de Léande, etc., Membre de l'Académie Royale des Sciences de Berlin, de celles de Pétersbourg et de Mannheim, né à Heidelsheim, mort à Paris (22 janvier 1789), fils de Jacques Thiry et de Jacqueline-Catherine d'Holbach; épousa 1º (3 février 1750) Basile-Geneviève Suzanne Daine (1729-26 août 1754), 2º (1756) Charlotte Suzanne Daine (1733-16 juin 1814). Sur quatre enfants, deux filles, dont l'une, Amélie-Suzanne, née le 13 janvier 1759, morte à Pixerécourt vers 1815, entra dans la famille de Chatenoy, l'autre, Louise-Pauline, née le 19 décembre 1759, morte à Sauveterre le 3 septembre 1830, dans la famille de Nolivos (2).

L'Hôpital (N*, maréchale de) (3).

Houdetot (Claude Constance César, comte d') sgr. d'Etrehan, le Moutier, le Perreur, Russy, le Fresne, Houtteville, Villiers, Campigny, etc.; né à Paris (5 août 1724), mort à Paris (27 avril 1806), fils de Charles, marquis d'Houdetot. et de Madeleine-Catherine-Thérèse Carrel; Enseigne de la Compagnie Colonelle du Rt d'Artois (26 septembre 1733, 20 février 1734), Aide-de camp du Marquis d'Houdetot en Franche-Comté (1734-1738), Mousquetaire à la Première Compagnie (3 mai 1738), Capitaine dans le Rt du Roi Cavalerie (1er janvier 1743), Guidon des Gendarmes de Flandres (28 octobre 1743), Enseigne des Gendarmes

---

(1) C'est l'auteur du fameux traité matérialiste de *l'Esprit* (1758), qu'il composa en méditant sur ses entretiens avec les philosophes par lui reçus, le mardi, dans son salon, et qu'il dut rétracter d'humiliante manière (août 1758), et sans sincérité.

(2) Cet excellent baron fut l'inspirateur secret du *Système de la Nature* (1770) et de tant d'ouvrages de propagande athéistique, composés dans ses « synagogues » du jeudi, en société avec Diderot, Grimm, Le Roy, Morellet, Saint Lambert, etc., et rédigés par Naigeon et La Grange.

(3) Malgré le texte cité (note 40, p. 76), nous ne pouvons trouver, en 1713, de femme ni de veuve d'un *Maréchal* de l'Hôpital. Les deux seules personnes de ce nom, vivantes en 1713, sont : 1º Elisabeth de Challet, fille de Léonor, seigneur de Chanteville, et d'Anne l'Aumônier, veuve de Gabriel de l'Hôpital, vicomte d'Omer, baron de Montigny, mort en décembre 1709; et 2º Marie Charlotte de Romilley de la Chesnelaye, fille de Louis, marquis de la Chesnelaye, et de Françoise Bon de Mouillon (1671 2 juillet 1737), veuve de Guillaume-François Antoine de l'Hôpital, marquis de Sainte Mesme-et de Montellier, comte d'Entremont, capitaine dans le Régiment de Cavalerie Colonel Général, puis voué aux mathématiques, Vice Président de l'Académie des Sciences (1661-3 février 1704).

d'Anjou (14 décembre 1744), Sous-Lieutenant des Gendarmes de Mgr le Dauphin, avec rang de mestre de-camp de Cavalerie (1er décembre 1745), Capitaine-lieutenant des Gendarmes du Berry (1er janvier 1748), et (1757) en pied, Chevalier de Saint-Louis (17 janvier 1749), Brigadier (1er janvier 1758), Capitaine Lieutenant des Gendarmes Bourguignons (3 août 1758), Maréchal-de-camp (20 février 1661), en retraite (1762), Lieutenant-Général (1er mars 1780); épousa, (26 février 1748) Elisabeth-Françoise-Sophie de la Live, née à Paris (18 décembre 1730), morte à Paris (28 janvier 1813), fille de Louis-Denis de la Live de Bellegarde, sgr d'Epinay, de la Chevrette et de la Briche, et de Marie-Josèphe Prouveur, sœur de MM. d'Epinay, de Jully, de la Briche, de Madame Pineau de Lucé, plus tard de la Chastre; — liée avec J.-F. de Saint-Lambert (de l'hiver 1752 jusqu'en février 1803). La comtesse mit au monde, le 12 juillet 1749, César-Louis-Marie François-Ange; le 15 mars 1753, Marie-Françoise-Charlotte; enfin, le 25 août 1756, Louise-Sophie-Denise, morte le 23 mai 1759.

Huin (François-Henri), sgr de Jarville, né à Nancy (22 septembre 1622), mort à Bruxelles (21 juin 1684), fils de Nicolas Huin et de Françoise Malcuit, Procureur général de Lorraine.

Joinville (Jehan, seigneur de), Sénéchal de Champagne, né en 1222 (ou 1224), mort le 24 décembre 1317, Ecuyer Tranchant du Comte Thibaut (1241), Chevalier, et Croisé (1245); compagnon d'armes et confident du Roi Louis IX (de 1248 à 1270), auteur de l'*Histoire de Saint-Louis* (1305-1309).

Joyeuse. Note 20, p. 75.

Léopold Ier. duc de Lorraine, né à Innsbrück (11 septembre 1679), mort à Lunéville (27 mars 1729); régna dès le 16 août 1698; épousa, à Fontainebleau (13 octobre 1698), Elisabeth-Charlotte, fille de Philippe, duc d'Orléans, et de Charlotte-Elisabeth, Princesse Palatine, née le 13 septembre 1676, morte à Commercy (23 décembre 1744); Régente de Lorraine, du 31 mars 1729 au 29 novembre, puis en janvier 1730, enfin du 25 avril 1731 au mois de mars 1737, date de sa retraite à Commercy. De ses nombreux enfants, quatre survécurent : François-Antoine-Etienne, né le 8 décembre 1708, mort à Innsbrück (27 avril 1765), duc de Lorraine sous le nom de François III (28 mars 1729 13 février 1737), Vice-Roi de Hongrie (28 mars 1732), Grand-Duc de Toscane (9 juillet 1737), Empereur d'Allemagne sous le nom de François Ier (13 septembre 1745); épousa (12 février 1736) Marie-Thérèse, Archiduchesse d'Autriche; Elisabeth Thérèse, née le 15 octobre 1711, morte à Turin (3 juillet 1741), épousa (5 mars 1737) Charles Emmanuel III, roi de Sardaigne; — Charles Alexandre, né le 12 décembre 1712, mort le 4 juillet 1780, Feld-Maréchal des armées de l'Empereur, gouverneur des Pays-Bas; épousa (7 janvier 1744), l'archiduchesse Marie Anne-Wilhelmine, morte le 16 décembre 1744; — Anne Charlotte, née le 17 mai 1714, morte à Mons (7 novembre 1773), abbesse de Remiremont (du 10 mai 1738 au 6 mars 1745).

Ligniville. Articles **Beauvau** et **Helvétius.**

Loir (N*), Inspecteur de police, en 1707.

Longin (Marie-Anne de) née à Affracourt (26 novembre 1702), morte le 1er octobre 1738; fille de Jean de Longin, sgr de Lève en Brabant et de Vrécourt en Lorraine, et de Catherine Dumoulin; épousa (13 août 1736) Léopold de Saint-Privé, fils de Louis-Joseph de Saint-Privé, sgr du ban de Tantimont, et de Praye et Harmonville, et d'Elisabeth de l'Epée.

Magnien. Notice, page 97.

Maillebois (Yves Marie Desmarets, comte de), né à Paris (3 août 1715), mort à Maëstricht (13 décembre 1791) ; fils de Jean-Baptiste-François Desmarets, marquis de Maillebois, Chevalier des Ordres du Roi, Maréchal de France, Gou-verneur d'Alsace, Grand d'Espagne, et de Marie-Emmanuelle d'Aligre ; Lieu-tenant à la Compagnie des Sapeurs du Corps Royal d'Artillerie (28 mai 1733), Colonel du Rᵗ de la Sarre (10 mars 1734), Mestre-de-camp du Rᵗ Dauphin Cavalerie (25 novembre 1734), Maître de la Garde Robe du Roi (5 novembre 1736), Aide-maréchal général des logis (Bas Rhin 1ᵉʳ août 1741), Brigadier (20 fé-vrier 1743), Maréchal-général des logis (Italie, 1ᵉʳ février 1744), Maréchal de camp (2 mai 1744), Inspecteur général de l'Infanterie (6 octobre 1745), Lieute nant-général (10 mai 1748), Gouverneur de Douai (15 juin 1753-13 juillet 1783), Commandant le camp de Plobsheim (1ᵉʳ août 1754), Premier Lieutenant-général à Minorque (1756), Chevalier des Ordres du Roi (1ᵉʳ janvier 1757), Maréchal-général des logis (Westphalie, 1ᵉʳ mars 1757 ; Hanovre, 15 juillet), Commandant le camp de Dunkerque (17 mai 1758) ; se démit par force, fut emprisonné, puis exilé (22 mai 1758-janvier 1761) ; Commandant la division de Picardie (25 mai 1776), Inspecteur des troupes en Hainault (1777), Général de l'Infan-terie hollandaise, et Gouverneur de Bréda (1785) ; épousa (17 février 1745) Marie-Madeleine Catherine de Voyer de Paulmy d'Argenson, née le 25 novembre 1724, fille de René-Louis, marquis d'Argenson et de Marie-Madeleine Méliand.

Malcuit. Notice sur la famille **Chevalier**, page 93.

Malesherbes (Chrétien Guillaume de Lamoignon de), Membre de l'Aca-démie Française (1775), et Honoraire de l'Académie des Sciences (1750) ; né à Paris (6 décembre 1721), mort sur l'échafaud (22 avril 1794), fils de Guillaume de Lamoignon de Blancmesnil, Chancelier de France, — et de Anne-Elisabeth Roujault ; Substitut du Procureur Général au Pᵗ de Paris (1741) Conseiller (3 juillet 1744), Président de la Cour des Aides (en survivance, le 26 février 1749, en exercice, le 12 décembre 1750, jusqu'au 28 juillet 1775), Directeur de la librairie et de la littérature (1750 1763), Secrétaire d'Etat (21 juillet 1775), Ministre de la Maison du Roi (28 juillet 1775-12 mai 1776), Ministre d'Etat (1787 1788) ; épousa (4 février 1749) Françoise-Thérèse Grimod, fille du Fermier-Général Gaspard Grimod de la Reynière ; une de ses filles, Marguerite, née le 6 février 1756, épousa le Président Le Pelletier de Rosambo. Champion de toutes les belles causes, aussi bien dans les Remontrances du 18 février 1771, que dans la Défense du Roi du 13 décembre 1792, Malesherbes signala son pas-sage dans la Direction de la librairie et dans le ministère, par des rapports et des décisions où la justice s'unit à la générosité.

Manassès VII, frère de Gaucher, comte-pair du Rethelois, lui succéda en ce titre entre 1263 et 1280.

Mauljean, note 48, page 79.

Maure (N*), procureur au présidial de Langres, en 1707.

Mazarin (Jules), Cardinal, comte de Rethel, puis duc de Mazarin, né à Pes-cina (14 juillet 1602), mort à Paris (9 mars 1661), Capitaine au Rᵗ de Palestrina Infanterie (1622), Chargé des Affaires pontificales (1629-1632), Référendaire dans la Chancellerie pontificale (1632), Vice-Légat d'Avignon (1634), Nonce à Paris (1634-1636), naturalisé Français (1639), Chargé des Affaires de France (1640), Premier Ministre (5 décembre 1642). Un des rares coups de force et l'un des rares gestes de maladresse de ce ministre, maître en fait de ruse, fut l'arrestation, puis l'incarcération dans le Château du Havre, du Prince de Condé, du Prince de Conti, du Duc de Longueville, dont le Comte d'Harcourt, commandant pour lors en Normandie, dut assumer la garde (18 janvier 1650-février 1651).

Menoux (Joseph de), de la Société de Jésus; né à Besançon (14 août 1695), mort à Nancy (6 février 1766); membre de l'Académie Royale de la Rochelle et de celle des « Arcades », Confesseur du Roi de Pologne, et Supérieur des Missions Royales de Nancy (21 mai 1739-30 septembre 1764), Censeur titulaire de la Société Royale des Sciences et Belles-Lettres.

La Michaudière (Pierre-Marie de), né à Paris (11 septembre 1723), mort à Nancy (12 février 1773), fils de Jean-Baptiste de la Michaudière, Président au Grand Conseil, et de Louise-Elisabeth de Rochereau d'Hauteville; Capitaine au Rᵗ du Roi Infanterie, Chevalier de Saint-Louis.

Mignard (Nicolas), dit l'**Avignonnais**, né à Troyes (7 février 1606), mort à Paris (20 mars 1668), établi peintre à Avignon (1639), après ses études à Fontainebleau et à Rome, Membre de l'Académie Royale de Peinture (1663), Architecte du Roi (1).

Millet. Notice sur la famille **Chevalier**, page 94.

Monchenaire (Dom), de l'Ordre de Cîteaux, prieur de l'abbaye de Theuley (entre 1703 et 1707).

Monthureux (Dominique-François Bourcier de), Capitaine aide major au Rᵗ des G. L. sous le règne de François III (2).

La Mothe. Note 1, page 98.

Neuvron. Article **Barbarat.**

Nicolas-François, Cardinal (1627), Evêque de Toul, puis subrogé duc de Lorraine (6 août 1633 et 19 janvier 1634), né le 6 décembre 1609, mort le 25 janvier 1670; fils de François, comte de Vaudémont et de Charlotte de Salm, frère puîné de Charles IV; épousa (17 février 1634), Claude, fille de Henri II, duc de Lorraine.

Orléans (Jean Baptiste-Gaston, duc d'), né à Fontainebleau (25 avril 1608), mort à Blois (2 février 1660), fils de Henri IV et de Marie de Médicis; séjourna en Lorraine (août 1629-2 janvier 1630; août 1631-janvier 1632; juin 1632); épousa 1° Marie de Bourbon, duchesse de Montpensier, morte le 4 juin 1627, 2° (3 janvier 1632) Marguerite de Lorraine, sœur du duc Charles IV (22 juillet 1613-3 avril 1672), mariage secret, avoué (19 août 1633), cassé (5 septembre 1634), reconnu et célébré à Meudon (26 mai 1643).

Orléans (Louis, duc d'), duc de Valois, Chartres, Nemours, Montpensier, comte de Normandie et de Soissons, Prince de Joinville, né à Versailles (4 août 1703), mort à l'Abbaye de Sainte-Geneviève de Paris (4 février 1752); fils de Philippe II, Régent, et de Françoise-Marie de Bourbon; Colonel-Général de l'Infanterie française (1721-1730); épousa (4 juin 1724) Augusta-Marie-Jeanne de Bade (10 novembre 1704 8 août 1726).

Outrancourt (N* d'), Lieutenant-général au bailliage de Bassigny, dans le dernier tiers du dix-septième siècle

---

(1) C'est lors du séjour de Louis XIV en Avignon (1659) que Mignard fit le portrait du Roi, et de plusieurs courtisans, dont le comte d'Harcourt. Ce dernier portrait fut gravé en 1667 par le correct et soigneux Antoine Masson.

(2) Personnage oublié par Lachesnaye Desbois, probablement frère de Jean Léonard, chevalier, seigneur d'Autrey et de Moineville, baron de Monthureux, Conseiller d'Etat, et Premier Président de la Cour Souveraine.

Pallières (Jeanne de), née de Bouvant, dame de Serqueux; épousa Antoine-Armand de Robec, comte de Pallières, Capitaine de vaisseau de la Marine Royale; belle-fille de Marie, née de Coty, Sous gouvernante des Enfants de France, petits-fils de Louis XIV; belle-sœur de N*, abbé de Pallières, abbé de Theuley.

Parisot. Notice sur la famille **Chevalier**, page 94.

Phelypeaux (Jérôme), Comte de Pontchartrain et de Palluau, Baron de Maurepas, etc., né en mars 1674, mort le 8 février 1747; Conseiller au P^t (29 mars 1692), Secrétaire d'Etat en survivance (19 décembre 1693), en titre (septembre 1699-novembre 1715); épousa 1° (28 février 1697) Eléonore-Christine de la Rochefoucauld de Roye, morte le 13 juin 1708; 2° (31 juillet 1713) Hélène Rosalie Angélique de l'Aubespin; père du Comte de Maurepas, du Marquis de Pontchartrain, beau-père du duc de Nivernois.

Phelypeaux (Louis II), marquis de la Vrillière et Châteauneuf, Comte de Saint Florentin, Baron d'Hervy, etc.; né le 14 avril 1672, mort le 7 septembre 1725; Secrétaire d'Etat et des Commandements et Finances (10 mai 1700), Commandeur et Secrétaire des Ordres du Roi (18 mai 1700); épousa (1er septembre 1700) Françoise de Mailly; père du duc de Saint-Florentin, beau père du comte de Plélo.

Phelypeaux (Louis III) comte, puis marquis, et duc de Saint-Florentin, la Vrillière et Châteauneuf, etc.; né le 18 août 1705, mort le 27 février 1777; Commandeur et Secrétaire (3 août 1736), Chancelier, Garde des Sceaux et Trésorier (27 juin 1756) des Ordres du Roi; Ministre d'Etat (15 août 1751-1775); Duc (1770); épousa (10 mai 1724) Amélie-Ernestine de Platen, morte le 10 mai 1767.

Pierrot (Jean), Curé d'Esley, entre 1666 et 1689.

Pinon (Nicolas), sieur de Villemain, mort le 7 octobre 1724, Intendant de Bourgogne en 1707.

Plessis (Charles-Christophe du), Notice sur la famille **Chevalier**, page 94.

Ponze. Article **Barbarat**.

la Porte (N*, comte de) originaire de Bretagne; Capitaine au R^t des Gardes

la Porte (Nicolas-Guillaume de), Secrétaire, en 1707, de M. d'Argenson, Lieutenant de police.

Potier (Jean-François), sieur de Raynan, Commissaire Ordonnateur des guerres de Lorraine et de Bar, Chevalier de Saint-Louis; épousa Catherine Dalmas; domicilié à Nancy, en 1767.

Protin. Notice snr la famille **Chevalier**, page 94.

Rabelais (François), né à Chinon (1490 ou 1495), mort à Paris (9 avril 1553); prêtre, humaniste, savant, professeur et médecin, dont l'œuvre touffue rassemble toutes les gauloiseries du Moyen-Age, toutes les beautés de la Renaissance, toutes les hardiesses de l'esprit moderne.

Richelieu (Armand du Plessis, cardinal (1622), puis duc de), né à Paris (9 septembre 1585), mort à Paris (4 décembre 1642), Evêque de Luçon (1607), Secrétaire d'Etat (novembre 1616-1617), Premier Ministre (19 avril 1624) (1).

Rohan-Chabot (Guy Auguste de), dit le Chevalier de Rohan, puis Comte de

---

(1) La destruction de la riche galerie du château d'Haroué, pendant la captivité du Maréchal de Bassompierre, est un de ces actes où l' « Eminence rouge » semble avoir assouvi une rancune d'artiste, tout en suivant un dessein de politique.

Chabot et de Maillé, vicomte de Bignan, baron de Kerguéhéneuc, seigneur de Coëtmeur, etc.; né le 18 août 1683, mort le 13 septembre 1760; fils, cadet, de Louis de Rohan-Chabot, Duc et Pair, et de Marie-Elisabeth du Bec Vardes; Mestre-de-camp des Dragons de Sainte-Hermine (décembre 1702), Brigadier (29 janvier 1709), Chevalier de Saint-Louis, Maréchal de Camp (1er février 1719), Lieutenant Général (7 mars 1734); épousa 1° (30 janvier 1729) Yvonne Sylvie du Breuil du Rays, fille du Marquis, Chevalier de l'Ordre de Saint Lazare, morte le 15 juillet 1740; 2° (20 mai 1744) Marie-Scholastique Apolline Howard, sœur du Comte de Stafford, Pair d'Angleterre, morte en 1770. De ses quatre enfants la fille seule est à citer ici : Marie-Charlotte, née le 12 décembre 1729, qui fut la Maréchale de Beauvau (Article **Beauvau**).

Rollin (Nicolas-François), Maître d'école d'Affracourt, de 1720 à 1727.

Rosières (Charles-Gabriel, comte de), comte d'Euvesin, Colonel du Régiment de Rosières, Chambellan de S. A. R.; épousa (28 janvier 1708) Anne de Vignolles, eut pour fils Joseph-Jean-François Alexandre, comte de Rosières et d'Euvesin, Grand Bailli de Thiaucourt, qui épousa (29 avril 1736) Anne Marguerite de Cardon-Vidampierre.

Rousseau (Jean-Jacques), né à Genève (28 juin 1712), mort à Ermenonville (2 juillet 1778, (1).

Saint-Amant (Antoine Gérard, dit le baron de), baptisé à Quevilly (30 septembre 1594), mort à Paris (29 décembre 1661), Commissaire de l'Artillerie (1619), Gentilhomme de la Chambre de Marie de Gonzague, Reine de Pologne (1645). Cet aventurier, de protestant devenu catholique, et de roturier drapé gentilhomme, familier du Duc de Retz, du Maréchal de Créquy, et surtout (1619-1644) du Comte d'Harcourt, est l'un des poètes qui aient eu au plus haut point le sens, réel ou fantastique, de la nature, et le don du pittoresque, avec, dans la forme, tous les excès de la préciosité qu'il adopta, du burlesque qu'il introduisit.

Saint-Félix. Page 99. N° 2.

Saint-Florentin. Article **Phelypeaux**.

Saint-Lambert. Pièces justificatives et notices, pages 86, etc.

Saint-Mars (N** de), Gouverneur de la Bastille en 1707.

Saint-Mihiel (Claude de), issu d'une famille de magistrature établie en Haroué, et attachée aux Beauvau; Procureur fiscal en la prévôté et bailliage d'Haroué, Procureur à la Chambre des Comptes de Lorraine (entre 1720 et 1760).

Saint-Simon (Louis de Rouvroy, duc de), Gouverneur de Blaye et Senlis, Capitaine de Fécamp et autres places, né à Paris (5 janvier 1675), mort à Paris (2 mars 1755), fils de Claude, duc et pair, et de Charlotte de l'Aubépine de Châteauneuf d'Hauterive; Mousquetaire (1691), Capitaine au Rt Royal Roussillon Cavalerie (1693), Mestre de camp (1693) réformé (1698), à la suite du Rt de Saint-Mauris (1698-1702) Ambassadeur à Madrid (1721) en retraite (1724); épousa (8 avril 1695) Marie-Gabrielle de Durfort de Lorges, fille de Jacques-Henri, Maréchal de France, et de Geneviève Frémont, morte le 21 janvier 1743. De ses

---

(1) L'amitié de J.-F. de Saint Lambert pour le « Citoyen », liaison, dès le premier voyage à Paris, chez Mme de Graffigny, en 1750, devenue intimité (septembre 1756), ne fut rompue, malgré les torts de Rousseau, que le 10 octobre 1758; replâtrée, grâce à Mme d'Houdetot, dès le 29 octobre 1758, elle fut dénoncée définitivement par Saint-Lambert lors des lectures des *Confessions* (août 1770).

trois enfants, une fille, Charlotte, née en 1696, épousa Charles-Victor d'Hénin, prince de Chimay (1).

Saxe-Weimar (Bernard de), né à Weimar (6 août 1604), mort à Neubourg 18 juillet 1639); dernier fils du duc Jean III; Volontaire dans les armées de Mansfeld et de Brunswick (1622); Colonel dans l'armée de Christian IV (1625), Colonel des Gardes de Gustave-Adolphe (1631), Commandant en chef (1632) avec expectative d'un duché de Franconie, Commandant un corps au service de France (27 octobre 1635-1638), avec expectative d'une principauté d'Alsace. Ce guerrier mercenaire commit, dans le pays du duc Charles IV, son vainqueur à Nordlingen (6 septembre 1634), des cruautés attestées en Lorraine par des ruines et par des souvenirs impérissables.

Simon (Charles), Commis-Greffier du Conseil d'Etat de S. A. R., et son Commissaire pour la revision des charges de magistrature (1698).

Stanislas (Stanislas Leszczynski), né le 20 octobre 1677, mort à Lunéville (23 février 1766); Roi de Pologne (4 octobre 1704 1709, et de février 1733 au 27 janvier 1736), Duc de Lorraine et de Bar (Conventions du 11 avril et du 28 août 1736, traité du 2 mai 1737); épousa (1698) Catherine Opalinska (5 no-vembre 1680-19 mars 1747). Sa seconde fille, Marie-Charlotte Sophie-Félicité, née le 23 juin 1703, devint (15 août 1725) reine de France (2).

Thibaut IV dit le Chansonnier, Comte de Champagne (mai 1222), Roi de Navarre (7 avril 1234); né posthume, le 30 mai 1201, à Troyes, mort à Pampe-lune (14 juillet 1253); fils de Thibaut III et de Blanche de Navarre; épousa 1° (mai 1220) Gertrude, comtesse de Metz et de Dabo, douairière de Nancy et de Gondreville; 2° (1222) Agnès de Beaujeu, morte le 11 juillet 1231; 3° Mar guerite de Bourbon (22 septembre 1232). Sur ses huit enfants, Thibaut V et Henri III régnèrent, Blanche et Béatrix s'unirent l'une au duc Jean de Bre-tagne, l'autre au duc Hugues IV de Bourgogne, et Marguerite épousa Ferri III, duc de Lorraine.

Thibaut (N*), notaire à Haroué vers 1745.

Turenne (Henri de la Tour-d'Auvergne, vicomte de), né à Sedan (11 sep-tembre 1611), mort à Sasbach (27 juillet 1675), deuxième fils de Henri, duc de Bouillon, et d'Elisabeth d'Orange; Colonel, puis Maréchal de camp (1635) (3), Lieutenant général (1642), Maréchal de France (16 mai 1643), Commandant en chef (1645), Gouverneur du Limousin, Ministre d'Etat (1652), Maréchal général des camps et armées (7 avril 1660); abjura le protestantisme (22 octobre 1668), épousa Charlotte de Caumont, morte en 1666.

Vernon (Marguerite-Françoise de), née Protin de Vulmont; née le 23 mars 1636; fille de Léopold-Henri, Conseiller d'Etat, Premier Président de la Chambre des Comptes de Lorraine, Conseiller Commissaire de LL. MM. II., et de Marguerite-Françoise de Millet; épousa (26 janvier 1762) Pierre-Nicolas de la Lande, sgr.

_____

(1) L'animosité déclarée du duc de Saint-Simon contre le comte d'Harcourt vient de la prétention du premier duc de Saint Simon, Premier Ecuyer du Roi (5 mars 1627), à la charge de Grand Ecuyer, donnée le 8 août 1643 à Henri de Lorraine. L'auteur des _Mémoires_ s'en souvint à plusieurs reprises (1740 1755).

(2) Stanislas a pris soin, en manière d'apologie personnelle, de répandre en Lorraine le _Recueil des fondations du Roi de Pologne_, par François Antoine ALLIOT, Nancy, 1758, in-4°.

(3) C'est pendant les campagnes de Lorraine que Turenne contribua à la dévastation de la contrée, en inaugurant son trop célèbre principe de « manger le pays ».

LE CHATEAU DE BEAUVAU-CRAON, VU DE LA ROUTE D'AFFRACOURT

« Je revois donc ces campagnes si chères,
Qui de Thémire ont été le séjour ;
Je revois donc le palais de ses pères... »

(Saint-Lambert, *Épître à Mme de Boufflers*, avril 1749).

de Vernon, Tragny, Marbache et Saizerais, Chevalier de Saint-Louis, Capitaine au R^t de Saint-Chamond, mort le 6 février 1784. De cinq enfants, deux fils subsistèrent, dont l'un, Pierre-Nicolas-Antoine (16 septembre 1769-1816) assura la postérité en Lorraine.

Villemain. Article **Pinon**.

Voltaire (François-Marie Arouet, dit), né à Paris (21 novembre 1694), mort à Paris (30-31 mai 1778) (1).

la Vrillière. Article **Phelypeaux**.

Xaubourel. Note. Page 98.

---

(1) Voltaire séjourna à Nancy pour ses affaires (septembre 1720), à Plombières pour sa santé (août 1729 et août 1730), à Lunéville (mai et juin 1735); puis, en 1748, du 25 janvier au 23 avril, à Lunéville; du 1er juillet au 14 août, à Commercy; du 14 au 26 août, à Lunéville; du 16 septembre au 4 octobre, à Lunéville ou à la Malgrange; du 4 au 17 octobre, à Commercy; du 17 octobre au 19 décembre, à Lunéville; en 1749, du 4 au 16 juillet, à Commercy; du 16 juillet au 13 septembre, à Lunéville. Enfin, en juillet 1758, installé aux Délices, il songea à s'établir en Lorraine, hésitant entre le domaine de Champigneulles, bien du comte de Fontenoy, et le domaine de Craon (Haudonviller, puis Croismare), bien de Mmes de Boufflers et de Mirepoix. J. F. de Saint Lambert fut mêlé à cette double négociation, d'ailleurs vaine.

Les relations de Voltaire avec J. F. de Saint Lambert, nouées en août 1736, rompues à la mort de Mme du Châtelet, reprirent, dès juillet 1751, pour n'être plus jamais troublées que par un malentendu de deux mois (décembre 1769 février 1770). A ce commerce, Voltaire, pour sa part, gagna l'utile amitié du maréchal prince de Beauvau, et de voir la maréchale venir elle même à Ferney, en août 1777, réparer au vieux philosophe l'injure que son père avait faite, en décembre 1725, au poète jeune.

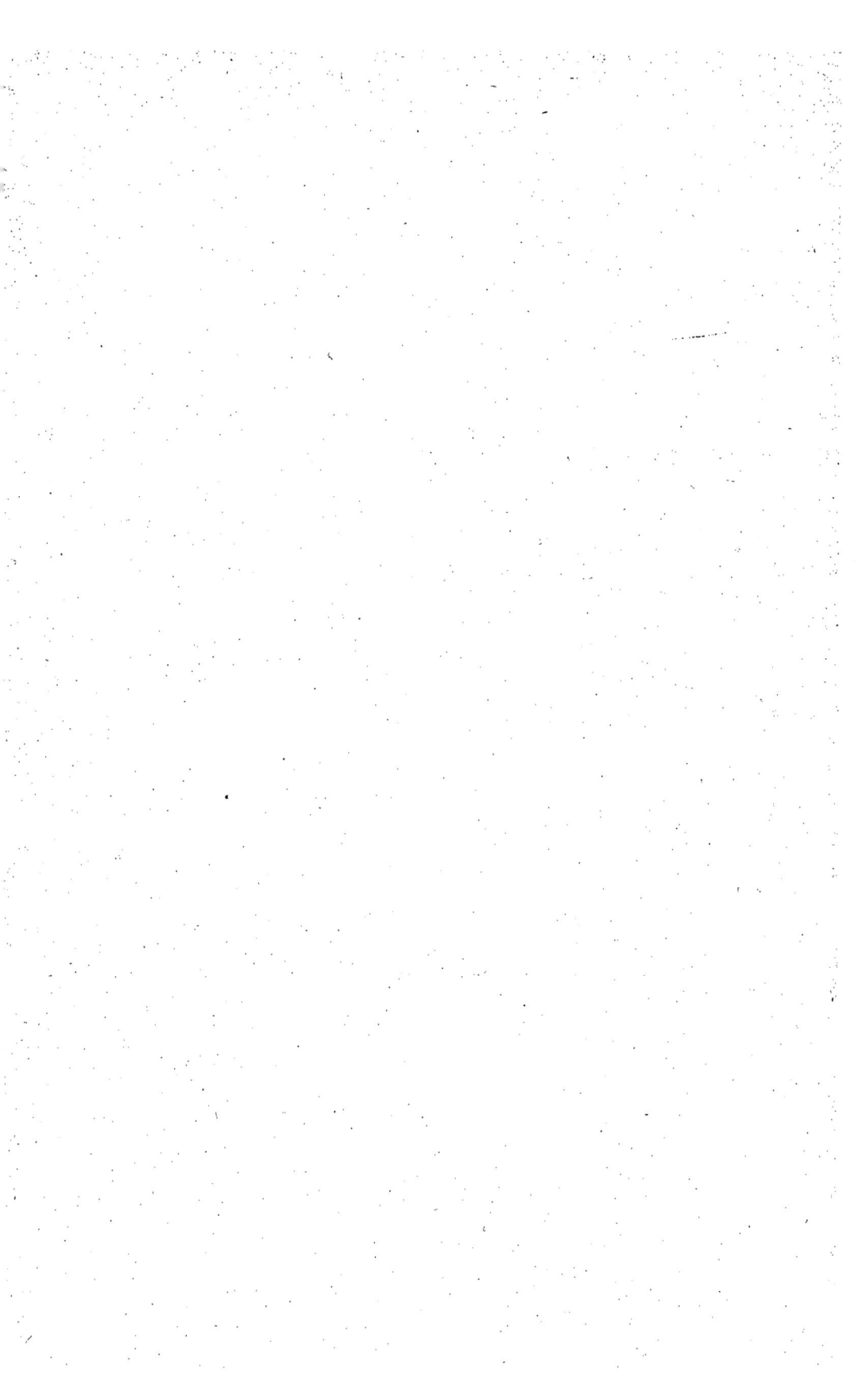

ADDITIONS ET CORRECTIONS

Ajouter :

Note 60. Page 81, ligne 31. Le 12 mai 1751 seulement fut terminé, à l'avantage du Prince de Beauvau, aux dépens du Comte d'Armaillé, le procès engagé plus de trente ans auparavant par la Douairière d'Armaillé contre le Marquis de Craon. (Durival, *Journal manuscrit.* Mai 1751.)

Note 81. Page 84, ligne 3. C'est aussi le temps où, suspect depuis l'affaire d'Hastenbeck (26 juillet 1757), le Comte de Maillebois, maréchal-général des logis, se disposait à quitter l'armée (février 1758) pour commencer à Paris cette campagne de protestations contre son ancien chef, le Maréchal d'Estrées, laquelle le devait mener à sa perte, entraînant plusieurs de ses protégés (19 mai 1758).

Lire :

Page 6, ligne *3*, le 26 août 1670...

     7,   *14,* établis, à côté d'autres plus puissants et plus illustres...

     8,   *22 (et passim),* de Croÿ.

     9,   *14,* Nicolas-François, duc subrogé...

    34,   *4,* Madame de Chambérot...

    34,   *36 (et p. 36, l. 8),* le sieur Maure.

    41,   *12,* pour finir l'affaire de M. de Saint-Lambert?...

    49,   *28,* ne présente pas ce nom...

    52,   *1,* le 1er mars 1726 (53).

    61,   *6,* outre sa portion de grenier...

    68,   *33,* la maréchale de Berchény.

    70,   *14,* Gérardy.

    83,   *17,* l'hôtel de Raynan.

    83,   *25,* il se peut que la famille de St-Lambert se soit installée...

    83,   *27,* il faut admettre que Charles occupa lui-même...

    86,   *Note (1),* la présente étude...

    90,   *1,* (avec Sarah Th** et les Poésies fugitives)...

    97,   *19, Note (1),* et d'Anne Maimbourg.

  100,   *48,* s'égrenèrent...

  107,   *1,* (L. Délisle. *Notice,* p. 396, CLXIV).

  117,   *30,* (15 février 1543 — 14 mai 1608).

  118,   *9,* le 4 septembre 1749...

  126,   *37,* **Chevalier.**

  128,   *37,* née le 23 mars 1736;...

Si mince que soit cet opuscule, il nous a donné lieu de faire appel à bien des secours, qui ne nous ont pas été ménagés. Nous avons cité, comme il convient, nos sources, nos autorités, nos justifications; mais nous ne pouvons mieux terminer que par la liste des personnes à qui nous devons les unes et les autres. Monsieur Christian Pfister, l'historien de notre ville natale, nous a non seulement suggéré le dessein de faire la connaissance de notre compatriote Jean-François de Saint-Lambert, mais il nous a sans cesse encouragé et assisté dans nos recherches. L'accueil de Monsieur Alfred Rebelliau, Membre de l'Institut, dans la Bibliothèque dont il a la garde, les conseils de Messieurs les Bibliothécaires et le concours du personnel nous ont amené à plus d'une trouvaille; Monsieur Emile Duvernoy, Archiviste de Meurthe-et-Moselle, nous a bien souvent aplani des obstacles, ménagé des découvertes; et de Monsieur Paul Denis, Archiviste de Nancy, nous avons éprouvé le concours empressé et l'intérêt constant. Monsieur Marcel Poète, Conservateur, Messieurs les Bibliothécaires et tout le personnel de la Bibliothèque historique de la Ville de Paris nous ont rendu abordables les enquêtes les plus diverses. Monsieur J. Favier, Conservateur, et Messieurs les Bibliothécaires de la Bibliothèque publique de Nancy nous secondèrent toujours avec la même patience. Monsieur Paul Bonnefon nous introduisit à la Bibliothèque de l'Arsenal; Monsieur Albert Isnard nous a aidé à la Bibliothèque Nationale; Monsieur Léon Legrand, aux Archives Nationales, nous a guidé; Messieurs Brun, Tuetey, Marleix nous ont ouvert les Archives historiques et administratives de la Guerre. Monsieur Constant Chevalier, ancien maire de Serocourt, nous a d'abord offert la copie (1907), puis facilité l'acquisition (1912) de plusieurs documents. Messieurs les Archivistes des Ardennes, de Maine-et-Loire, de la Haute-Marne ont fixé notre religion sur plusieurs points (1906). Maître Dussaux, notaire, nous a mis à même de consulter (1911) *les Archives notariales de Nancy. Messieurs les Secrétaires des mairies d'Affracourt (1905), de Fontenoy-le-Château (1906), d'Haroué (1906), de Martigny-les-Bains (1906), nous ont avec courtoisie communiqué les dépôts confiés à leurs soins. Madame Gourgeandé a fort aimablement accueilli notre visite dans sa propriété d'Affracourt (1906). Monsieur l'abbé Ollivier nous a entretenu bien volontiers (1906) de l'histoire de Fontenoy-le-Château, qu'il connaît mieux que personne. Et Messieurs les Secrétaires des mairies de Langres (1908), de Bourmont (1913), d'Aigremont (1906), d'Esley (1908), de Robécourt (1905), d'Eteignières (1908), de Ternay (1913) ont avec autant d'exactitude que de rapidité répondu à de fort nombreuses demandes. Enfin nos parents et nos amis nous ont gracieusement fait profiter de leurs collections ou de leurs relations (1); entre tous, Monsieur Georges Goury, Bibliothécaire du Musée Lorrain de Nancy, Monsieur Charles Sadoul, Directeur du « Pays Lorrain » et de la « Revue Lorraine Illustrée », et le biographe de Madame de Graffigny, Monsieur Georges Noël, dans les archives de qui nous avons puisé maint détail précieux. Notre mouvement naturel s'accorde donc avec un heureux usage, lorsque nous témoignons ici notre reconnaissance à tous ceux qui ont bien voulu nous rendre le travail agréable, et qui consentiront de même à nous excuser d'associer leur nom à un si petit livre : en pareille matière, la gratitude, non plus que la bienveillance, ne se mesure à son occasion.*

---

(1) Nous devons ainsi des remerciements à Monsieur Gaston Maugras, qui nous a donné pleine liberté de consulter, sur plusieurs points, ses collections d'autographes ; à Maîtres Flesche et Frogier, notaires, qui, de Lamarche (1907), et d'Haroué (1906), nous ont fourni des textes et des renseignements de toute précision ; à Monsieur le lieutenant Jacomet, qui nous a grandement secouru dans nos recherches aux Archives de la Guerre.

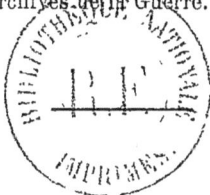

TABLE DES MATIÈRES

TABLE DES GRAVURES

La maison « Saint Lambert » à Affracourt.
La cour.
Vue prise du jardin potager.
Vue prise du bosquet.
Vue prise de la route d'Affracourt à Haroué.

PARIS. — L. DE SOYE, IMPRIMEUR, 18, RUE DES FOSSES-S.-JACQUES, V*.
Téléph. 806-44

www.ingramcontent.com/pod-product-compliance
Lightning Source LLC
Chambersburg PA
CBHW072148270326
41931CB00010B/1932